Stefanie Glaschke und Michael Ruhnau

Das große Lexikon der weißen Magie

Impressum

Copyright: © 2012 Stefanie Glaschke und Michael Ruhnau

http://hexenvonheute.de

Druck und Verlag: epubli GmbH, Berlin, www.epubli.de

ISBN 978-3-8442-1814-5

Vorwort

Ein Lexikon der weißen Magie spricht für sich. Wir haben uns besondere Mühe dabei gegeben, dieses Lexikon lesenswert zu gestalten. Deshalb gibt es Exkurse, die spezielle Themen eingehend bearbeiten. Auf alles, was nicht mit weißer Magie direkt zusammenhängt, haben wir bewusst verzichtet oder es am Rande gestreift. Nun haben wir genug gesagt, 300 Seiten Magie…. es bleibt nur noch, Freude beim Lesen zu wünschen. Wir freuen uns über einen Besuch auf www.hexenvonheute.de

Stefanie Glaschke, Michael Ruhnau

Über den Gebrauch dieses Lexikons

Die Begriffe in diesem Lexikon sind weitgehend
alphabetisch geordnet. Wichtige Verweise auf andere
Begriffe sind so gekennzeichnet: >
Steine, Kräuter (mit Bäume, Räucherpflanzen,
Heilpflanzen) Krafttiere und Runen sowie das Große
Arkanum sind unter ihrem jeweiligen Begriff
zusammengefasst und dann im fortlaufenden Text erläutert.
Da viele der Begriffe auf verschiedene Arten geschrieben
werden können, findest du die erste Schreibweise immer
fettgedruckt, alle weiteren Varianten kursiv.
Kein Lexikon der Magie kann Vollständigkeit garantieren.
Aus diesem Grund ist im Anhang Platz für eigene Notizen.
Warnhinweis:
Alle Hinweise auf Heilmittel, ganz gleich welcher Art,
basieren auf Überlieferungen und sind in keinster Weise
Empfehlungen. Wir geben hier nur wieder, welche
Auffassung in der weißen Magie vertreten wird. Wenn also
eine Krankheit vorliegt, ersetzt dieses Buch keinen Arzt
und keine ärztliche Therapie.

Exkurse in diesem Lexikon

Magie im alten Ägypten

Das große Werk

Energiearbeit mit der Technik „Reiki"

Interpretation des Hexencredos

Hexenfeste

Kerzenmagie

Liebesmagie

Mythologie

Spiegelmagie

Universelle Gesetze

A

Die Rune, die dem A entspricht ist Ansuz

In der Hexenschrift sieht das A so aus: ᛦ

Aberglaube

als Bezeichnung wird abwertend auf Glaubensformen und religiöse Praktiken angewandt, die nicht den eigenen, meist orthodoxen Lehrmeinungen, entsprechen; wird im allgemeinen Sprachgebrauch mit Unvernunft und Unwissenschaftlichkeit gleichgesetzt; Magie wird häufig als Aberglaube bezeichnet, um sie abzuwerten; Glaube an Schutzzeichen, Glücksbringer oder an bestimmte Gesten sind typische Aspekte, die als Aberglaube bezeichnet werden; zum Aberglauben gehören die Angst vor schwarzen Katzen; auch positiver Aberglaube ist n der Bevölkerung bekannt, beispielsweise die Annahme, ein Schornsteinfeger brächte Glück

AC

Abkürzung für Aszendent

Achtes Haus

Bereich in der Horoskopanalyse, der für Sexualität, Geld und Macht steht

Ägypten

Ursprung vieler magischer Ansätze und Techniken

⋆ **Exkurs: Magie im antiken Ägypten**

Magie gibt es seit Anbeginn der Menschheit. Die ältesten Überlieferungen führen uns nach Ägypten, dem Land, in dem die Herrscher (Pharaonen) im Glauben des Volkes schon als magische Wesen geboren wurden.

Hier ist eine große Macht des Wortes überliefert. Wer sich magisch betätigen wollte, rezitierte einen Zauberspruch und musste den Text dann in einem Kelch mit Wasser einweichen. Anschließend trank er den Kelch leer und erst dann konnte seine Magie wirken. Magie diente im alten Ägypten dazu, zu bekämpfen, was die natürliche Ordnung des Lebens störte und nur echte Magier waren dazu in der Lage. Wende die hier dargestellten Zauber nicht zum Spaß an, sondern nur, wenn du überzeugt bist, das Richtige zu tun.

Der berühmteste ägyptische Zauberer war Imhotep (ca. 2600 v.Chr.). Ihm wurde nachgesagt, einen Gott herbei beschwören zu können und zwar mit der folgenden Zauberei.

Nimm einen Tisch mit vier Füßen.
Stelle ihn an einem gereinigten Ort auf und bedecke ihn mit Stoff. Lege vier Ziegel übereinander unter den Tisch und dann eine silberne Räucherschale davor. Entzünde auf Räucherkohle getrocknete Myrrhe. Rezitiere deinen Zauberspruch indem du den Rat eines Gottes erbittest. Sprich nach Beendigung der magischen Handlung mit keinem Menschen mehr. In der folgenden Nacht wird der Rat Gottes dir offenbart werden.

Man ging davon aus, dass Götter und Zauberer (die meist in einer Person vereint waren) aus den vier Elementen Feuer, Wasser, Erde und Luft bestanden.
So konnten sie auch das Gleichgewicht wieder herstellen, wenn es durcheinander geraten war. Zauberer des Altertums wurden übrigens mächtiger, wenn sie ins Totenreich hinabstiegen und dort von einem magischen

Wasser tranken. Die Legende vom Jungbrunnen hat sich bis heute bewahrt und wer ihn finden will, muss in die tiefsten Tiefen hinabsteigen und, wie es Inhalt aller Religionen ist, den Tod überwinden. Es ging also in der Magie immer schon um Unabhängigkeit und Angstfreiheit.

Die Magier des Altertums konnten sich ewige Jugend sichern, wenn der folgende Zauber gelang:

„Komm zu mir an jedem Tag, du, der du das Wasser der Jugend bist. Erfrische mein Herz mit dem klaren Wasser deines Stroms. Gewähre mir, dass ich Gewalt habe über das Wasser wie ER, der voller Macht ist."

Hier wurde Nun angerufen, der Gott des urzeitlichen Wassers, der das Geschenk der ewigen Jugend verleihen konnte.

Äquinoktium

Tag-und Nachtgleiche, es gibt im März und im September jeweils ein Äquinoktium, also ein Datum, an dem Tag und Nacht die gleiche Dauer haben; im Frühjahr ist es der 21. März (> Beltane) im Herbst der 23. September (> Mabon)

Ätherische Öle

in organischen Lösungsmitteln gelöste Pflanzenteile oder

die organische Phase aus Wasserdampfdestillaten aus
Pflanzen oder Pflanzenteilen, die einen starken, für die
Herkunftspflanze charakteristischen Geruch haben,
demnach hochkonzentrierte Pflanzenwirkstoffe,
Anwendung erfordert viel Erfahrung und gute Kenntnisse

Achat

Stein mit hübscher Optik, typischer Amulettstein;
Sternachate werden auch Donnerei genannt; steht für Glück
und soll den Träger vor negativen Energien schützen

Adept

Eingeweihter in spirituelle Techniken

Affirmation

Bekräftigung eines Wunsches; in der Magie hat ein
> Zauberspruch affirmative Wirkung; Affirmationen
beeinflussen das Unbewusste und können sowohl positive
als auch negative Wirkungen erzielen

Ahnen

Vorfahren, die entweder in der direkten Blutlinie oder auch
in der Stammeslinie lebten und inzwischen verstorben sind;

ihre Weisheiten und Erkenntnisse werden gesucht und geehrt; ein Ahnenfest ist > Samhain

Ahorn

Ahornbäume können Liebeskummer heilen, wenn man sich ihnen anvertraut; Ahornholz genutzt, um Wünschelruten zu schnitzen, denn sein Holz ist dafür bekannt, Wasser zu finden; rüher nutze man Ahorn zum Schutz vor Blitzschlag

Alantwurzel (helenii rhizoma)

Pflanze für Räucherungen gegen böse Geister; stimmungsaufhellend; wurde zur Anrufung Odins benutzt

Albertus Magnus

geb. 1200 in Lauingen an der Donau; verstorben am 15. November 1280 in Köln, Alchemist mit starker Kirchenanbindung; wurde heilig gesprochen

Alchemie, *Alchymie, Alchimie*

alter Zweig der Naturphilosophie; wurde im 17./18. Jahrhundert nach und nach von der modernen Chemie und Pharmakologie abgelöst; oft wird angenommen, die Transformation von Blei zu Gold sei das einzige Ziel der Alchemie; die > Adepten der großen Alchemisten sehen die innere Wandlung jedoch als wesentlicher an; auf feinstofflicher Ebene um eine Umwandlung der inneren Blockaden in seelische Freiräume

Algiz

fünfzehnte Rune des "Älteren Futhark": Schutz vor Versuchung; als Talisman für Glück zu nutzen

Alkmene

Mutter des > Herakles in der griechischen Mythologie

Alraune

Nachtschattengewächs mit langer Zaubertradition; hochgiftig; eine Wurzel unter dem Bett sollte böse Geister vertreiben

Altar

Verehrungsstätte für eine oder mehrere Gottheit(en); das Wort stammt aus der lateinischen Sprache, seine Wurzeln gehen entweder auf „verbrennen" oder „erhören" zurück; der Altar in der weißen Magie dient der Hingabe an die > magischen Gesetze und die Kraft der Schöpfung sowie der > Elemente; auf Altären können Bitten und Geschenke dargebracht werden; schon die Errichtung des Altars an sich und seine unter Umständen reiche Verzierung sind bereits ein Akt der Verehrung; ein Altar in der weißen Magie sollte immer gereinigt sein; > Pentagramm oder > Pentakel, eine

> Schutzkerze und für jedes der > vier Elemente ein Symbol gehören auf den Hexenaltar; weiterer Schmuck wie Blumen oder Steine sind selbstverständlich möglich.

Altartuch

dient dem Schutz und der Zierde; Altartücher gibt es in verschiedenen Ausführungen; die Farben schwarz und weiß sowie das Material Seide schirmen störende > Energien ab; ist nicht zwingend erforderlich und es ist möglich, verschiedene Altartücher für verschiedene Anlässe zu nutzen; in den christlichen Kirchen dient das Antependium auf der Kanzel als Altartuch, es ist in den Farben der Zeitqualität im Jahreslauf gehalten

Amazonit

Mineral; soll das das Zusammenspiel von Ratio und Intuition ausgleichen; soll bei der Geburtshilfe beruhigend wirken

Ambrosia

kommt aus der griechischen Sprache und bedeutet
„Unsterblichkeit" ; ist der Legende nach die Speise und
Salbe griechischer Götter sowie das Futter ihrer Reitpferde;
man hielt Ambrosia für einen Nektar, der Unsterblichkeit
verlieh

Amen

hebräische/ aramäische Form der Formel: So sei es!

Amulett

kleines Symbol oder Kettenanhänger zur Abwehr von
Gefahren, soll vor Krankheiten oder Zauberei schützen;
häufig auch Schutzamulett, nicht zu verwechseln mit >
Talisman

Anch, *Anch-Kreuz*

ägyptisches Lebenskreuz; steht für das körperliche Leben,
aber auch für das Weiterleben im Jenseits

Anderswelt

Welt der Ahnen; hier verschwimmen Grenzen vor allem
zwischen Raum und Zeit, alles ist Gegenwart und alles ist

präsent; Hexen wechseln in die Anderswelt, um sich Rat und Unterstützung zu holen

Andornkraut (marrubium vulgare)
Räucherpflanze für Schutz, wird seit alters her besonders bei der Sommersonnenwende verwendet

Angelikawurzel (angelica archangelica)
1. In Nordeuropa und Nordasien beheimatetes Doldengewächs, zur Nutzung kommen die Wurzeln und Nebenwurzeln, als Tee geeignet bei nervösen Magen- und Darmbeschwerden, leicht krampflösend, kann auch Migräne lindern, Vorsicht: kann leicht mit dem giftigen Wasserschierling verwechselt werden
2. Wurzel zur Räucherung zum Schutz vor schwarzer Magie und zur Austreibung böser Geister; soll uns zu unseren Wurzeln zurückführen und Selbstvertrauen stärken

Anima
weibliche Anteile in der menschlichen Seele, die Anima zeichnet sich durch die Fähigkeit aus, Erkenntnisse zu bekommen und Lebensprozesse zu pflegen und zu bewahren, Anima ist in Männern und Frauen vorhanden und wird durch die weiblichen Vorfahren geprägt, gehört

zu den

> Archetypen

Animus

männliche Anteile in der menschlichen Seele, gekennzeichnet durch Impulskraft und Entscheidungsfähigkeit, Animus ist in Männern und Frauen vorhanden und wird durch die männlichen Vorfahren geprägt, gehört zu den > Archetypen

Anis (pimpinella anisum)

ursprünglich aus dem Orient und dem südöstlichen Mittelmeerraum stammendes Doldengewächs; wird hierzulande in Gewürzgärten kultiviert; als Gewürz dienen nur die kleinen Früchte; beruhigt den Magen- und Darmtrakt nach schwerem Essen

Anubis

Totengott der Ägypter; wurde dargestellt mit Schakal- oder Hundekopf

Anrufung

Gebet oder andere Form der Hinwendung an die > Energien, die bei einem > Ritual unterstützend wirken sollen, siehe auch

> Wächterruf

Ansuz

vierte Rune im älteren > Futhark; Kommunikation, Inspiration, guter Rat, Weisheit

Antike

Epoche des Altertums im Mittelmeerraum, etwa von 1200 v. Chr. bzw. 800 v. Chr. bis ca. 600 n. Chr., unterscheidet sich von vorhergehenden und nachfolgenden Epochen durch gemeinsame und durchgängige kulturelle Traditionen; wird vom Mittelalter abgelöst

Apfel

Frucht der Liebe und des Lebens; beliebter Altarschmuck bei Liebesritualen

Apfelbaum

Lebensbaum und Symbol der Liebe; > Venus zugeordnet; soll seelische Probleme, Angst, Kummer, Depressionen beheben

Aphrodisiakum

lustfördernde Substanz, steigert die Wahrnehmung und die

Ausdauer bei sexuellen Handlungen; Aphrodisiaka sind zum Beispiel: Lavendel, Zimt, Vanille, Kakao, Tonka-Bohne

Aphrodite

in der griechischen Mythologie die Göttin der Liebe, der Schönheit und der sinnlichen Begierde und eine der zwölf olympischen Gottheiten; war ursprünglich zuständig für das Wachsen und Entstehen, später für die Liebe; wurde in der römischen Mythologie als > Venus verehrt

Apokalypse

Weltuntergang, der wegen des Frevels der Menschen geschieht

Apokryphen

Bücher und Schriften, die in den Kontext der Bibel gehören, aber nicht in die Bibel aufgenommen wurden

Apophylit

seltener, kostbarer Stein; soll entlasten bei Ängsten und Sorgen und hilfreich bei Meditationen sein

Appolon, *Apollo*, *Apoll*

in der griechischen und römischen Mythologie der Gott des

Lichts, der Heilung, des Frühlings, der sittlichen Reinheit und Mäßigung sowie der Weissagung und der Künste, insbesondere der Musik, der Dichtkunst und des Gesangs; außerdem Gott der Bogenschützen, Sohn des > Zeus und der Göttin > Leto, gehörte zu den zwölf Olympischen Hauptgöttern des griechischen > Pantheons, das Heiligtum in

> Delphi, die bedeutendste Orakelstätte der > Antike, war ihm geweiht

Archetypus, *Archetypen*
seelische Anteile auf Basis der Lehre von C.G.Jung (schweizer Psychoanalytiker), zu den Archetypen gehören > Animus, > Anima, > inneres Kind, > Schatten, > Mentor und > Herold, sowie das Selbst; Integration der Archetypen bildet die Grundlage für > Energiearbeit

Archetypenlehre
Lehre von den einzelnen Seelenanteilen, die C.G. Jung begründete; Abschluss der Archetypenlehre ist eine Grundvoraussetzung für die weiße Magie

Arkanum, *Arcanum, Arcana*
Teil einer geheimen Lehre, viel verwendet für esoterische

Schriften aber auch im > Tarot, hier finden sich ein großes
und ein kleines Arkanum

Arnika (arnica montana)
heimisches Korbblütengewächs, genutzt werden die
getrockneten Blütenköpfe, äußerliche Anwendungen als
Salbe oder Tinktur bei Quetschungen, Zerrungen; soll nicht
innerlich angewendet werden; als homöopathisches Mittel
bei Verletzungen oder Prellungen bekannt

Artemis
Göttin der Jagd, des Waldes und die Hüterin der Frauen
und Kinder in der griechischen Mythologie; zählt zu den
zwölf großen olympischen Göttern; Schwester von Apoll

Artus, *Arthus, Arthur*
 Sagengestalt, die in vielen literarischen Werken des
europäischen Mittelalters in unterschiedlichem Kontext und
unterschiedlicher Bedeutung auftaucht;
wichtige Figur in der Mythologie Britanniens, auch in
Verbindung mit anderen Mythenkreisen wie den Sagen um
Merlin, den Heiligen Gral und „Die Wilde Jagd" in
Verbindung gebracht

Arznei

> Heilmittel, Arzneimittel, Medikament

Aspekte

Ergebnisse aus der Betrachtung (von der Erde aus) der Winkel zwischen Planeten; wichtige Faktoren in der Horoskopanalyse; ein Winkel von 180 Grad heißt Opposition

Astarte, *Ishtar*

in Babylonien und bei den Sumerern die höchste Göttin des Lebens, der Liebe und des Todes; allerdings bei den Sumerern meist Innana genannt

Astrologie

Technik, in der aus den Sternen zum Zeitpunkt der Geburt Ereignisse, Persönlichkeit und Lebensverlauf erkannt werden; bedeutende Faktoren sind in der westlichen Astrologie das

> Horoskop, die > Tierkreiszeichen, Aspekte der Himmelskörper (Sonne, Mond und Planeten) aus Sicht von der Erde aus, Häuser oder Felder und in manchen astrologischen Schulen auch einzelne Sterne, aus Sicht der

heutigen Wissenschaft wird die Astrologie der Esoterik bzw. den Para- oder Pseudowissenschaften zugerechnet

Aszendent

Tierkreiszeichen, das sich im Augenblick der Geburt am östlichen Horizont zeigt; Gegenspieler des Deszendenten, der im Geburtsaugenblick am westlichen Horizont versinkt; gemeinsam bilden die beiden die Hauptachse im Geburtshoroskop

Athame, *Ritualdolch*

Dolch zum Ziehen eines > Schutzkreises um ein > Ritual; wird auch benutzt, um > Anrufungen durchzuführen, ein Ritualdolch besteht ursprünglich aus einer doppelseitigen Klinge an einem meist schwarzen Griff; solche Gegenstände fallen unter das Waffengesetz, dürfen daher nicht getragen werden, kann als Talisman dienen und wird heute meist durch einen symbolhaften Holzdolch ersetzt, symbolisiert das > Element Luft

Athena, *Athene*

Göttin der griechischen Mythologie, Göttin der Weisheit, der Strategie und des Kampfes, des Handwerks und der

Handarbeit sowie Schutzgöttin und Namensgeberin der griechischen Stadt Athen, römische Entsprechung ist Minerva

Aufguss

Zubereitung aus heißen Wasser und Kräuterteile oder anderen Pflanzenteilen

Aufklärung

1. das Bestreben, durch den Erwerb neuen Wissens Unklarheiten zu beseitigen, Fragen zu beantworten, Irrtümer zu beheben.

2. Historisch betrachtet vor allem politische, wissenschaftliche und gesellschaftliche Entwicklungen in Europa und Nordamerika seit den Religionskriegen, deren Errungenschaften bereits im 18. Jahrhundert als epochal gewürdigt wurde, Zeitalter der Aufklärung

Aura

Energiekörper eines Menschen wird in verschiedenen esoterischen Lehren eine Ausstrahlung bezeichnet, die für psychisch oder anderweitig entsprechend empfindsame Menschen als Farbspektrum, das den Körper wolken- oder lichtkranzartig umgibt, wahrnehmbar sein soll, nach

Ansicht der meisten Anhänger der Energiekörperlehre besteht dieser aus mehreren Schichten, die eng mit den Chakren des Menschen verknüpft sind, sehr häufig ist daher die Ansicht, die Aura des Menschen bestehe aus sieben Schichten, die den sieben Hauptchakren entsprechen, manche Schichtenkonzepte können davon abweichen, da gelegentlich mehr als sieben Hauptchakren postuliert werden

Avalon, *Avalun, Avilion, Insula Avallonis*
mystischer Ort; der Begriff ist abgeleitet aus dem indogermanischen Wort für „aballo" (Apfel); bekannt aus der Artussage

Aventurin
Mineral; häufigste Farbvarianten sind blau und grün; soll Gelassenheit bewirken

axis mundi
Weltachse, dargestellt durch den > Weltenbaum

B

Die Rune, die dem B entspricht, ist Beork/ Berkana.

In der Hexenschrift sieht das B so aus: ꝗ

Baal

Gott des Sturms und der Fruchtbarkeit bei den Kanaanitern, wird entweder als Stier oder als Mensch dargestellt

Baba Jaga

Großmütterchen, Hexe; im Ursprung eine Muttergöttin und gute Fee; durch die Christianisierung in Osteuropa wurde sie zu einer bösen Hexe

Bachblüten-Therapie

Behandlungsmethode zur seelischen Gesundheitsvorsorge

Bärlauch (allium ursinum)

Heimisches Lauch-/ Liliengewächs, genutzt werden die Blätter als Salatbestandteil oder zum Würzen herzhafter Gerichte, die Zwiebel wird alternativ genutzt, enthält

Lauchöl und reichlich Vitamin C, regt die Verdauung an, wirkt positiv auf Magen und Darm, Galle und Leber

Baldrian, *Baldrianwurzel* (valeriana officinalis)

1. Heimische Stammpflanze, verwendet wird die getrocknete Wurzel, wird als Tee oder Tinktur innerlich angewandt bei nervösen Reizzuständen und Schlaflosigkeit

2. Räucherpflanze zur Austreibung von bösen Geistern, soll Tier und Mensch vor schlechten Zaubern schützen

Barde, *Bardos, Bard, Bardd, Barzh*

im deutschsprachigen Raum Dichter und Sänger des keltischen Kulturkreises

Basilikum (ocimum basilicum)

1. Südlich der Alpen beheimatetes Lippenblütengewächs, wird hierzulande in Gärten oder Kulturen gezogen, Verwendung findet das ganze Kraut (ohne Wurzeln) zum Würzen fetter Speisen oder frisch zu Suppen, Basilikumaufguss wird bei Magenproblemen, Blähungen oder Stuhlverstopfungen gegeben

2. Pflanze zur Räucherung für Reinigung und Schutz, soll Wohlstand und Glück anziehen, Selbstbewusstsein stärken und beruhigend wirken

Baum

holzige Pflanze, besteht aus Wurzel, Stamm und Krone, wird in der weißen Magie verehrt und als Sinnbild und Vorbild des Lebens gesehen; weist den Menschen auf Erdung, Stabilität und Öffnung zum Universum hin

Die folgenden Bäume finden sich in diesem Lexikon dargestellt:

Ahorn, Apfelbaum,

Birke, Buche,

Eberesche, Eibe, Eiche, Erle, Esche,

Fichte,

Hasel, Holunder,

Kastanie, Kiefer, Kirsche,

Lärche, Linde,

Tanne,

Ulme,

Wacholder, Weide, Weißdorn

Bestimmungstafel

Für einige Bäume in diesem Lexikon

Ahorn

Apfelbaum

Birke

Buche

Eiche

Eberesche

Fichte

Kastanie

Kiefer

Linde

Pappel

Tanne

Zeder

Baumhoroskop

Das so genannte keltische Baumhoroskop stammt nicht von den Kelten, es ist eine Marketingmaßnahme einer Frauenzeitschrift gewesen. Trotzdem wird es gern genutzt, um einen Bezug zu einem Baum herzustellen

Das Baumhoroskop der Kelten

So wurden die Bäume den Geburtszeiten zugeordnet:

Apfelbaum	23.12. bis 01.01.
	25.06. bis 04.07.
Tanne	02.01. bis 11.01.
	05.07. bis 14.07.
Ulme	12.01. bis 24.01.
	15.07. bis 25.07.
Zypresse	25.01. bis 03.02.
	26.07. bis 04.08.
Pappel	04.02. bis 08.02.
	01.05. bis 14.05.
	05.08. bis 13.08.

Zeder	09.02. bis 18.02.
	14.08. bis 23.08.
Kiefer	19.02. bis 28./29. 02.
	24.08. bis 02.09.
Weide	01.03. bis 10. 03.
	03.09. bis 12.09.
Linde	11.03. bis 20.03.
	13.09. bis 22.09.
Hasel	22.03. bis 31.03.
	24.09. bis 03.10.
Eberesche	01.04. bis 10.04.
	04.10. bis 13.10.
Ahorn	11.04. bis 20.04.
	14.10. bis 23.10.
Nussbaum	21.04. bis 30.04.
	24.10. bis 02.11.
Kastanie	15.05. bis 24.05.
	12.11. bis 21.11.
Eibe	03.11. bis 11.11.

Esche	25.05. bis 03.06.
	22.11. bis 01.12.
Hainbuche	04.06. bis 13.06.
	02.12. bis 11.12.
Feigenbaum	14.06. bis 23.06.
	12.12. bis 21.12.
Birke	24.06.
Buche	22.12.
Olivenbaum	23.09.
Eiche	21.03.

Baummagie

Magische Handlungen, bei denen spezielle das Wesen eines betreffenden Baumes einbezogen wird

Baum	Wochentag	Planet
Birke	Sonntag	Sonne
Weide	Montag	Mond
Stechpalme	Dienstag	Mars
Haselnuss	Mittwoch	Merkur
Eiche	Donnerstag	Jupiter
Apfelbaum	Freitag	Venus
Erle	Samstag	Saturn

Baummeditation

1.Meditationsform der Druiden und

2. Meditationsform der Hexen

1. Baum-Meditation aus druidischer Tradition:

Finde einen Baum, der dir sympathisch ist. Frage ihn in Gedanken, ob er zur Begegnung mit dir bereit ist, und akzeptiere die erste Antwort, die in deinem Kopf auftaucht. Lehne dich an den Baum und lasse deinen Atem frei strömen! Verbinde dich mit ihm, indem du mit der Linken den Stamm und mit der Rechten deinen Solarplexus berührst. Lasse Haare und Kopf in deinem Bewusstsein mit Blättern und Blüten verschmelzen, den Rumpf mit dem Stamm, die Arme mit den Ästen, Beine und Füße mit den Wurzeln.

Fühlst du nun, wie deine eigenen Schwingungen mit denen des Baums in Resonanz treten. Ein wortloser Dialog und Austausch beginnt. Der Baum schenkt dir Kraft, vielleicht auch wichtige Eingebungen in komplexen Lebenssituationen - Du gibst Liebe, Dankbarkeit und Freude zurück.

Vielleicht kannst du fühlen, wie Energie in einem Kreislauf durch die Mitte deines Körpers abwärts und durch den Stamm des Baums wieder aufwärts strömt. Genieß es und nimm dir Zeit. Wenn es genug ist, löse dich langsam und bedanke dich bei dem Baum. Wenn es dir gut getan hat, komme wieder! Vielleicht kannst du deinem Baum auch etwas schenken und unter seinen Wurzeln vergraben. Ein kraftvoller Heilstein freut ihn sicher. Oder du fotografierst ihn und verschenkst die Fotos als Postkarten. Nimm doch deine Freunde mit zu deinem Baum, weise sie auf den

Schutz der Bäume hin. Dein Baum wird sich sehr über deinen Einsatz freuen.

2. Baummeditation der Hexen:

Hexen bemühen sich darum, zwischen menschlichen, tierischen und pflanzlichen Lebewesen keine wertende Unterscheidung zu treffen. Selbstverständlich ist die Haltung der Hexen in dieser Beziehung eine lebenslange Aufgabe, die wohl keinem leicht fallen wird. Gerade durch neuere kulturelle Prägungen haben wir ein Wertesystem bezüglich der verschiedenen Lebensformen entwickelt. „Machet euch die Erde untertan", diesen Satz kennen wir alle. "Machet euch die Kräfte der Natur nutzbar", klingt anders, trifft den Kern der Aussage aber viel besser. Hexen nutzen Tiere, Pflanzen, auch die Energien anderer Menschen, doch sie vernichten nicht! Aus diesem Grund ist es nicht konsequent, wenn wir Bäume ausschließlich als Kraftspender sehen. Sehen wir sie als Lehrer wie alle anderen Lebewesen, die uns begegnen. Der Baum kann uns lehren, uns zwischen Himmel und Erde auszuloten, als Menschen Mittler zwischen Himmel und Erde zu sein. Vom Baum können wir lernen, uns göttlichen Energien entgegen zu strecken, wenn wir uns selbst als Baum visualisieren. Stell dir vor, du wirst zu einem Baum. Beginne damit, dass deine Füße sich im Waldboden verwurzeln. Ganz langsam lässt du dann eine schützende Rinde um dich wachsen. Stell dir dabei jeden Zentimeter bildlich vor. Wenn die Rinde bis zu dem Schultern gewachsen ist, hebst du in Gedanken deine Arme und lässt sie zu Ästen werden, mit denen du dich dem Universum entgegenstreckst. Nimm Sonne, Licht und Kraft auf. Bilde Blüten und Blätter aus Dankbarkeit für die Energie, die du empfängst.

Spüre noch einmal in deine Wurzeln.

Nimm die Arme herunter und bau die Rinde langsam wieder ab. Fühle hinein in deine Verwurzelung und deine Offenheit zum Himmel.

Beeren

Früchte an Sträuchern, meist im Herbst zu ernten, bewahren dem Winter die Süße des Lebens

Beifuß (artemisia vulgaris)

1. Heimisches Korbblütengewächs; genutzt werden die oberen nicht verholzten Teile des Krautes als Gewürz für

schwere und fette Speisen; als Tee anzuwenden bei Magen-
und Darmstörungen mit Mundgeruch oder Durchfällen

2. Räucherpflanze, soll böse Geister vertreiben, ihre
Nutzung als Ritualpflanze geht bis in die keltisch-
germanische Zeit zurück; zur Sommersonnenwende
räucherte man das Kraut um alles Übel loszuwerden; soll
Schutz bieten und Hellsichtigkeit fördern

Beinwell (symphytum officinale)

1. Heimisches Borretschgewächs: verwendet wird der
Wurzelstock zur Herstellung von Auszügen oder Salben;
Einsatz bei Knochenverletzungen, Geschwüren und
Wunden; darf nicht innerlich angewandt werden

2. Räucherpflanze mit antibakterieller Wirkung; soll den
Wohnbereich desinfizieren und reinigen

Belladonna

Betäubungsmittel, wurde Rauschmitteln zugesetzt, um
deren Wirkung zu verstärken, deutscher Name: Tollkirsche

Beltane, *Beltene, Beltaine, Bhealltainn, Bealtaine*

Irischer Sommeranfang, früher auch Anfang des
 > Hexenjahres; großes Frühjahrsfest am 21. März; ist das
erste Fruchtbarkeitsfest und wird meist mit einem großen

Feuer und einem > Ritual für die > Fruchtbarkeit gefeiert; > Frühjahrsäquinoktium, männliche und weibliche Energien sind gleich stark

Bergkristall

Mineral; in vielen Varianten erhältlich; soll zur Stärkung dienen und schon beim Betrachten klärend wirken

Berkana, *Beork*

achtzehnte Rune des "Älteren Futhark"; Fruchtbarkeit, Wachstum und Jugend

Bernstein

Mineral; beliebtes Sammelobjekt bei Kindern, soll das Vertrauen stärken

Betonie (betonica officinalis)

heimisches Lippenblütengewächs; Verwendung findet das ganze Kraut (ohne Wurzeln) zur Bereitung von Tee; wird bei Entzündungen am Zahnfleisch und im Rachen gegurgelt; hilft bei Durchfall und Darmbeschwerden

Beschwörung

Anrufung eines Geistes, damit dieser den eigenen Willen umsetzt

Besen

Hexenbesen, dient der Reinigung; soll der Legende nach als Flugwerkzeug genutzt werden

Beten

Hinwendung zum höheren Selbst

Bewusstsein

Wahrnehmung mentaler und emotionaler Prozesse und Zustände

Bilsenkraut

eines der ältesten Narkotika; heute nicht mehr im Gebrauch, kann leicht überdosiert werden

Bindezauber

Magische Handlung, meist um ein Lebewesen fest an sich zu binden; zweifelhaft ist, ob der Bindezauber in der weißen Magie angewendet werden darf, weil er den Willen des anderen Lebewesens nicht berücksichtigt

Bingelkraut

Wolfsmilchgewächs mit abführender Wirkung

Birke

Symbol der Wiedergeburt und der Jugend; Aufgüsse aus

Birkenrinde sollen Erkrankungen im Magen-Darm-Bereich heilen können; Waschungen mit Birke soll Haarausfall entgegenwirken

Blume

Pflanze mit deutlicher, meist beeindruckender Blüte; Altarschmuck für das Element Erde

Blumensprache

der Überlieferung nach gab es eine Symbolsprache mittels Blumen, durch die Botschaften übermittelt werden konnten; genaue Belege gibt es nicht

Blocksberg

Berg, auf dem Hexenfeste abgehalten wurden; heute ist mit „Blocksberg" meist der Brocken im Harz gemeint

Bockshornklee (trigonella foenum-graecum)

Schmetterlingsblütengewächs; Vorkommen vom Mittelmeer bis Zentralasien, selten in hiesigen Kulturen; die Samen finden äußerliche Verwendung als Brei-Umschläge zum Aufweichen von Furunkeln, Behandlung von Geschwüren und Entzündungen; innerlich genutzt als Kräftigungsmittel

Bohnenkraut (satureja hortensis)

ursprünglich beheimatet am östlichen Mittelmeer und am Schwarzen Meer wird es hierzulande in vielen Gärten und Kulturen gezogen; verwendet wird das ganze blühende Kraut (ohne die Wurzeln) zum Würzen deftiger Speisen und zur Bereitung von Tee; fördert die Verdauung, wirkt gegen Blähungen und Durchfall

Bokor

Schwarzer Voodoo-Magier

Brennnessel, *Brennnesselsamen* (urtica dioica)

1. Heimisches Brennnesselgewächs; Verwendung finden das Kraut, die Samen und die Wurzeln; regt als Tee oder Salat den Stoffwechsel an, häufige Verwendung zur Unterstützung von Frühjahrs- und Herbstkuren; wirkt gegen Rheuma und Gicht, lindert Prostatabeschwerden
2. Räucherpflanze um das Feuer der Liebe zu entfachen

Brigit, *Heilige Brigit, Birghid, Brigid*

„Die Helle", „Die Strahlende" oder auch „Die Streiterin"; geht auf eine altkeltische Göttin namens Brigantia oder Brigindo, die Stammesgottheit der keltischen Briganten, zurück; verwandt mit der germanischen Perchta;

Personifikation der Dichtkunst und Beschützerin der Poeten; trat teilweise in dreifacher Gestalt auf, weshalb manchmal von den „drei Brigids" die Rede ist

Brocken

Berg im Harz, auf dem bis heute Hexenfeste stattfinden, in der modernen Zeit allerdings eher kommerzielle Kostümfeste

Bronzit

Stein mit leichtem Schimmereffekt, soll auch bei großer Belastung für innere Ruhe sorgen

Brunnenkresse (nasturtium officinale)

heimisches Kreuzblütengewächs; genutzt werden frisch die Blätter oder das Kraut als Salat oder Presssaft; wirkt anregend auf den gesamten Stoffwechsel

Buch der Schatten

> Schattenbuch

Buche

die mächtige Buche steht für Macht und Geborgenheit; Buchen sind gute Tröster bei jeder Art von Kummer

C

Es gibt keine Entsprechung für das C in der Runenschrift

In der Hexenschrift sieht das C so aus: ᛘ

Calcit

beliebter Stein, in vielen Farben erhältlich; soll anregend wirken und Selbstbewusstsein, Optimismus und Lebensfreude stärken

Calkopyrit

Mineral; Begleiter auf dem Weg zur Weisheit; soll Neugier wecken und beim Verständnis von Zusammenhängen helfen

Catuaba (crythroxylon catuaba)

Räucherungen mit dieser Pflanze heben die Stimmung und sollen die Manneskraft stärken

Ceres

römische Göttin des Ackerbaus, der Fruchtbarkeit und der Ehe; gilt als Gesetzgeberin, entspricht in der griechischen Mythologie > Demeter

Chakra

Begriff aus dem Sanskrit für „Rad"; Chakras oder Chakren sind für das menschliche Auge unsichtbare Energiewirbel in und am Körper eines Lebewesens; die Kunst, Chakras zu sehen, nennt man das Auralesen; die sieben Hauptchakras des Menschen liegen entlang der Wirbelsäule

Chakra	Farbe	Lage
Wurzelchakra	Rot	Steiß
Sakral- /Sexualchakra	Orange	Oberhalb des Schambereichs
Nabel-/ Solarplexuschakra	Gelb	Nabelregion
Herzchakra	Rosa oder Lindgrün	Herzraum
Hals-/ Kehlchakra	Hellblau	Kehlkopf
Stirnchakra	Nachtblau	Stirn
Kronen- /Scheitelchakra	Weiß oder violett	Oberhalb des Scheitels

Chalcedon

Mineral; Probleme im Hals- und Rachenraum sollen gemildert werden; die Milchbildung stillender Mütter soll angeregt werden

Chrysokoll

Mineral; soll durch Auflegen die Heilung von Narben und Verbrennungen unterstützen und für Linderung bei Menstruationsbeschwerden sorgen

Chrysopras

Mineral; soll helfen, Liebeskummer besser zu verarbeiten

Circe

erste Hexe, die als rothaarig überliefert ist; Tochter des Sonnengottes Helios; soll wundervolle, verführerische rote Haare gehabt haben, die sie zu Zöpfen flocht, um die Energien zu binden oder zu lösen; aus der Legende um die Göttin Circe haben sich wahrscheinlich die > Knotenzauber entwickelt, die positive Energien binden können; Circe ist auch der Ursprung für das Wort „bezirzen" und wahrscheinlich dafür verantwortlich, dass man im Mittelalter rothaarigen Frauen besondere Verführungskünste unterstellte; wer auf die Insel der Circe kam, wurde oft in ein Tier verwandelt, so dass er seine sexuellen Triebe nicht beherrschen konnte

Credo, *Hexencredo*

siehe Hexencredo; Glaubensbekenntnis

Codex

Verhaltensregeln, an die sich alle Mitglieder einer Gemeinschaft halten

Coven

Hexenzirkel in der Hexenreligion Wicca, für freie Hexen unbedeutend, weil diese sich weniger streng organisieren

Crowley, Aleister

wurde 1875 in England geboren und verstarb 1947; Okkultist, Mystiker, Künstler; auf ihn geht das Crowley-Tarot zurück, das er aber nicht gemalt sondern in Auftrag gegeben hat; nannte sich selbst ein Biest; wird bis heute mit Satanismus in Verbindung gebracht und ist besonders durch sexuelle Ausschweifungen bekannt geworden

D

Die Entsprechung für das D in der Runenschrift ist Dagaz.

In der Hexenschrift sieht das D so aus: ᛗ

Dagaz

23. Rune des "Älteren Futhark": Tag, Verwirklichung, rechter Augenblick

Damiana (damiane)

Räucherpflanze, soll stimmungsaufhellend und erotisierend wirken, früher wurde das Kraut auch gegen Asthma angewandt

Dämonen

Geisteserscheinungen oder Geisteswesen; im heutigen Sprachgebrauch ausschließlich boshaft

Das große Werk

alchemistische Abhandlung des Hermes Trismegistos zur inneren Wandlung

✴ Exkurs: Das große Werk

Schwärzung – Weißung – Gelbung – Rötung

Diese vier Phasen sind von den Schülern der Alchemie als Vollendung, als Veredlung der eigenen inneren Kräfte gesehen worden.

In der Schwärzung ist die > Schattenarbeit besonders wichtig.

Akzeptiere deinen eigenen Schatten und lerne dabei, sie anzunehmen, sie eher locker als verkrampft zu beachten.

Bedenke, dass du die Energien deiner Schatten selbstständig lenken kannst, wenn du sie als Teile deiner Persönlichkeit annimmst. Diese Energien brauchst du, um dein inneres Gold zu heben. Schließlich ist auch Kohle nicht schön, doch niemand würde verweigern, mit ihr zu heizen, wenn er friert. Auch das Innere des Körpers enthält viele vordergründig unschöne, aber lebensnotwendige Aspekte. Einen ewigen Tag streben wir auch nicht an, so dunkel uns die Nacht manchmal auch vorkommt. Die Schwärzung ist wichtig, um unsere Ganzheit, um die Summe unserer Potentiale zu sehen. Ein Übungsprotokoll in der Phase der Schwärzung ist sehr sinnvoll, weil du daran merken kannst, welche dunklen Stellen noch bearbeitet werden sollen. Hast du nämlich erst einmal angefangen, an deinen Schatten zu arbeiten, wirst du sie ständig bemerken und auch immer wieder neue finden, bis du endgültig aus der Phase der Schwärzung heraustreten kannst. Doch das Protokoll erspart dir nicht die Kraft des Wortes. Aussprechen ist wichtig, nicht darüber nachdenken oder beschönigen. Stell dich vor einen Spiegel und sag dir deine eigene Wahrheit direkt ins Gesicht. Und dann beende das Gespräch mit dir selbst, indem du dir deine eigene Liebe versicherst. Damit bist du schon fast auf der Stufe der Weißung angelangt.

Die Weißung ist eine viel angenehmere Phase. Hier geht um die Verbindung zum Licht, zum Leben. Viele Meditationsübungen lassen uns visualisieren, wie es ist, wenn das Licht uns durchflutet. Dann sind wir eins mit der Quelle und wir haben keine Distanz mehr zu einem anderen Lebewesen. Ein Wassertropfen würde sich auch nicht darum bemühen, seine Unterschiede zu den anderen Tropfen hervorzuheben. In der Weißung erleben wir die Ewigkeit der Schöpfung und damit wird alles möglich Um die Weißung zu fühlen, kannst du sehr gut auf die

Energiearbeit zurückgreifen oder die folgende Übung noch einmal wiederholen:

Nicht, wer du bist oder was du hast ist jetzt wichtig, sondern allein die Tatsache, dass du existierst, spielt jetzt eine Rolle. Jetzt kannst du auch den Sinn der Schwärzung verstehen. Du könntest nämlich nicht alle Hüllen und Masken fallen lassen, wenn du etwas zu verbergen hättest. Nur weil du dich in der Schwärzung ganz angenommen hast und bereit bist, alles an dir und in dir zu lieben, kannst du dich befreien. Hierfür gehst du in die freie Natur. Such dir eine Gegend aus, in der du relativ ungestört bist. Geh am besten in einen Wald oder an einen Strand. Dort nimmst du deine Mitgeschöpfe wahr, indem du sie eingehend betrachtest. Beachte Baumrinden und Käfer, Farne und Pilze. Aber nicht unter dem Gesichtspunkt der Bewertung oder des Gefallens. Ein Pilz ist ein Pilz, das reicht. Schau dir seine Lamellen an, das Schirmchen und seinen Fuß. Auch die braunen Stellen nimm wahr und mache dir dabei bewusst, dass dieser Pilz ein Lebewesen ist, ganz gleich, ob er braune Stellen hat oder nicht. Der Pilz hat einen Platz im System, in dem er lebt. Der Pilz ist. Er ist nicht gut oder schlecht, giftig oder essbar, groß oder klein, der Pilz ist.

Ebenso sieht es mit allen Lebewesen aus. Nimm dir die Zeit, dir eine Pflanze zu wählen, der du dich genauer widmest. Nun betrachte sie, von den Wurzeln bis zu ihrer Spitze. Beschreibe sie in Gedanken und nimm wahr, dass das besondere an ihr das Leben, das Sein selbst ist. Besonders sind alle Lebewesen, immer für den, der das Besondere sehen will. Allen gemeinsam ist das Leben. Nimm diesen Aspekt mit nach Hause. Zur Erinnerung kannst du ein Stück Baumrinde mitnehmen, dass du an einem gut sichtbaren Ort in deinem Heim platzierst. Jetzt kommt der eigentliche Teil der Übung. Führe die Übung erst durch, wenn du sicher bist, mit deinen Schattenseiten versöhnt zu sein. Sie schädigt dich zwar nicht, wenn du zu früh mit der Weißung beginnst, aber sie wird auch nicht den erforderlichen Effekt erzielen.

Wenn du die Weißung zu früh angehst, werden höchstens ein gutes Gefühl und ein wenig Entspannung dabei herauskommen. Das ist ein häufiger Fehler, den Menschen auf ihrem spirituellen Weg erfahren. Sie bauen keine Basis für ihren Aufstieg, sie wollen gleich oben starten.

Übung:

Diese Übung erinnert ähnlich wie die Ruhemeditation an den sitzenden Buddha, der nach seiner Erleuchtung sucht. Erleuchtung ist individuell, du wirst eine andere Erkenntnis finden als ein anderer Mensch. Nimm eine Meditationshaltung in der Natur ein. Diese Übung lässt sich schlecht im Raum durchführen, die natürliche Umgebung, ganz gleich bei welchem Wetter, unterstützt dich. Atme tief in den Bauch und beobachte deinen Atem. Gedanken lässt du wie Wolken an dir vorüberziehen. Halte deinen Blick geradeaus gerichtet und schau auf das Leben um dich herum. Stell dir vor, weißes Licht als Lebenskraft strömt aus dem Himmel in den Baum, das Gras, die Fliege vor dir. Lass dir Zeit, bis du das Licht, das alle Lebewesen auf gleiche Weise ausmacht, erkennen kannst. Nun visualisiere, wie eben dieses Licht in deinen Scheitel einströmt und deinen ganzen Körper erfüllt. Bis in deine Fingerkuppen und deine Zehenspitzen durchströmt das Licht dich. Über dieses Licht bist du mit allem verbunden, ihr alle habt die gleiche Kraftquelle. Verharre in dieser Haltung. Atme dabei ruhig weiter ein und aus. Verliere das Licht nicht. Und wenn du das Licht ganz stabil halten kannst, in dir und in deiner Umgebung, gib dem Licht einen Begriff. Es kann sein, dass du in diesem Moment die Tränen nicht zurückhalten kannst. Diese Reaktion ist völlig normal, denn wenn wir die Kraft des Lebens erfahren sind wir überwältigt, ähnlich, wie wenn wir der Geburt eines Lebewesens beiwohnen. Diese Übung solltest du mindestens einige Wochen lang zweimal bis dreimal pro Woche wiederholen, damit diese Weißung sich in dir festigt und du Veränderungen in dir wahrnehmen kannst. Protokolliere diese Übung für dich, um sie auch in deinem Bewusstsein zu stabilisieren. Du kannst über deine Arbeit in der weißen Phase ein Übungsprotokoll erstellen, um immer genau zu wissen, wie weit du in dieser Phase schon fortgeschritten bist.

Die Gelbung ist die Phase der Selbst-Erkenntnis. Stell dir hierfür vor, in deinem Nabelbereich öffnet sich eine gelbe Rosenblüte. Diese Blüte strahlt Wärme und Energie zuerst in deinem Körper und dann über deine körperlichen Grenzen hinaus aus. Die Gelbung ist vollendet, wenn du den Satz „Ich bin" aussprechen kannst, ohne weitere Fragen im Hintergrund zu fühlen, also nicht „Wer bin ich?" oder „Was bin ich?".

Nun kommt das Ende, die Rötung, die eine hohe Reinigungsleistung darstellt.

Wenn du bereit bist, deine eigenen Vorteile aus Blockaden aufzugeben und dir das Recht herausnimmst, losgelöst von der Vergangenheit und ohne Angst vor der Zukunft dein Schöpfungswerk zu vollbringen, bist du bereit für die Rötung. Rot ist nicht nur die Farbe des Feuers, Rot ist auch die Farbe des Blutes. Rot steht für Erdung und für Stabilität und Kraft. Aus der Rötung gehst du mit allen Kräften hervor, die dir zur Verfügung stehen. Für diese Phase empfiehlt sich in jedem Fall eine intensive Beschäftigung mit der Farbe Rot. Besorg dir rote Kleidung und stell rote Blumen in deinem Heim auf. Visualisiere die blutrote Kraft, die in deinem Adern fließt. Lass einen Lichtstrom alle Blockaden aus deinem Körper heraus spülen. Hierfür kannst du die folgende Visualisierung nutzen.

Übung:

Stell dich aufrecht hin und lockere deine Gelenke. Steh so, als würdest du mittels eines Fadens am Himmelgewölbe befestigt sein. Dafür gehst du ein wenig in die Knie und deine Füße stehen etwa hüftbreit auseinander. Nun hebe deine Arme nach oben wie ein Baum seine Äste. Empfange mit deinen Händen in deiner Vorstellung rotes Licht, dass über deine Handflächen durch deinen Körper strömt und dabei Blockaden und Unrat mit sich nimmt. Aus deinen Fußsohlen fließt dieses Licht nun mit dem, was du nicht brauchst, in den Boden. Eine weitere Übung ist das imaginäre Gehen durch das Feuer. Wir nutzen hier aber nicht das äußere Feuer, durch das man im Survival-Training geht (oder die bekannte Übung von Laufen über glühende Kohlen), sondern wir entfachen im Innern ein Feuer, dass alle schädlichen Aspekte auflöst und am Ende wird wärmende Glut in dir zurückbleibt. Nun ist das große Werk in dir vollendet und deiner eigenen Göttlichkeit sind keine Grenzen mehr gesetzt. Das bedeutet nicht, dass du perfekt bist. Es bedeutet, du bist lebendig durch und durch. Du wirst weiterhin Schmerzen haben und Kummer, auch bist du nicht vor Feinden oder Fehlern geschützt. Auch Gott in seiner Menschgestalt als Jesus Christus war nicht vor allem Menschlichen sicher. Aber du hast die Macht und Kompetenz entwickelt, die dir innewohnen, und du hast als Hexe das Werkzeug zur Verfügung, um dein Werk zu vollenden.

DC

Abkürzung für > Deszendent

Dekade

Drittel einer Zeitspanne, die für ein > Tierkreiszeichen gilt

Delphi

Ort im antiken Griechenland, an dem das Orakel befragt wurde

Demeter

in der griechischen Mythologie eine dreifache Muttergöttin aus dem griechisch-kleinasiatischen Raum; zuständig für die Fruchtbarkeit der Erde, des Getreides, der Saat und der Jahreszeiten; als dreifaltige Göttin tritt sie in verschiedenen Manifestationen auf: als Jungfrau, Mutter oder alte Frau; römische Entsprechung ist Ceres

Deszendent

Gegenteil zu > Aszendent

Deosil

Richtungsangabe: mit der Sonne, im Uhrzeigersinn

Diamant

wertvoller Edelstein; soll die eigenen Überzeugungen und die Willenskraft stärken

Diana

in der römischen Mythologie die Göttin der Jagd, des Mondes und der Geburt; Beschützerin der Frauen und Mädchen; entspricht > Artemis in der griechischen Mythologie

Dienen

demütiges Handeln im Sinne eines höheren Zwecks; weiße Hexen dienen dem Leben und der Natur

Diesseits

das „Diesseits" als Gesamtheit der Phänomene, die normaler Wahrnehmung zugänglich sind und im Rahmen der bislang bekannten Naturgesetze beschrieben werden können

Dill

auch Gurkenkraut; wurde früher im Liebeszauber verwendet

Divination

Wahrsagung

Doberschütz, Elisabeth von

wurde als Hexe vor den Toren der pommerschen Stadt Stettin hingerichtet und verbrannt; man warf ihr vor, sie hätte die Ehefrau des Herzogs von Pommern-Stettin mit einem Zaubertrank unfruchtbar gemacht; in Wirklichkeit gab sie der Erdmuthe von Pommern- Stettin einen fiebersenkenden Saft; Elisabeth von Doberschütz gelang nach den Anschuldigungen die Flucht, doch sie wurde gefangen, in Stettin in den Kerker geworfen und am 17. Dezember 1590 zum Tod verurteilt;

Am 17. Dezember 1591 wurde sie getötet; sie wurde erst enthauptet und dann verbrannt

Dolch

siehe Athame

Dolomit

Mineral, soll für Ausgeglichenheit sorgen, um zu sich selbst zu finden

Donar

germanischer Donnergott > Thor, höchste germanische Gottheit, entsprechend Zeus und Jupiter

Dost

Gewürzpflanze, Oregano

Dreifach-Göttin

Bezeichnung für die lunare Gottheit, Mondgöttin mit ihren drei Phasen

Dreifach-Mond

mit seinen drei Phasen das Sinnbild für die Dreifach-Göttin

Dreifachgesetz

Maßgabe an die Ausübenden der Magie; jedes Ergebnis einer Handlung kommt dreifach auf den Aufführenden zurück

Dreifaltigkeit

im Christentum der Begriff für Vater-Sohn-Heiliger Geist und die Familie an der Krippe, entlehnt aus dem Bewusstsein um die Dreifach-Göttin, allerdings mit einem Qualitätswechsel in das Männliche

Drittes Auge

Das dritte Auge wird in der Mitte der Stirn vermutet; soll zu erweiterter Wahrnehmung befähigen, wie zum Beispiel dem Sehen einer Aura

Drittes Haus

in der Horoskopanalyse für Kommunikation jeder Art

Drogen

im heutigen deutschen Sprachgebrauch stark wirksame psychotrope Substanzen und Zubereitungen aus solchen bezeichnet; ursprünglich „das getrocknete Kraut"; Drogen werden zum Räuchern benutzt

Drudenfuß

Pentagramm, das mit einem Zacken nach unten steht; irrtümlich manchmal als Symbol für den Teufel oder für Satanismus gesehen; der Ursprung soll darin liegen, dass Druiden und Hexen sich in frühen Zeiten ein Pentagramm in die Schuhsole geritzt haben, um ihren Weg zu markieren

Druide

Angehöriger einer politischen und geistigen Elite in der keltischen Gesellschaft und Mythologie; wichtigste

Personengruppe des Kultpersonals der keltischen Religion;
heutige vorliegende Erkenntnisse stammen weitestgehend
aus römischen und mittelalterlichen christlichen Quellen;
Originalquellen sind kaum überliefert

Druidenkraut

  >Eisenkraut

Duftlampen

Lampen, die mittels eines Teelichts unter einem Gefäß dazu
benutzt werden, ätherische Öle verdampfen zu lassen

Druidensichel

messerartiges Schneidwerkzeug zum Schneiden von
Kräutern

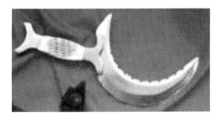

E

Die Entsprechung für das E in der Runenschrift ist Ehwaz

In der Hexenschrift sieht das E so aus: ℐ

Eberesche

der Lebensbaum, den die Kelten besonders verehrt haben; gilt als Glücksbaum und schützt vor negativen Angriffen; ihre Früchte sind giftig!

Eibe

Auch die Eibe ist giftig; Meditation unter einer Eibe wird genutzt, um Konzentrationsstörungen zu vermeiden.

Eibisch (althaea officinalis)

ursprünglich um das östlichen Mittelmeer, das Kaspische Meer und das Schwarze Meer beheimatetes Malvengewächs; wird hierzulande meist in Kulturen gezogen; verwendet werden Wurzeln, Blätter und Blüten; ist seit der Antike als Heilpflanze bekannt; Wirkstoff ist vor allem der Schleimgehalt, wirkt innerlich reizlindernd bei Magen- und Darmbeschwerden sowie bei Entzündungen im Mund- und Rachenraum; bekanntes Hustenmittel

Eiche, *Eichenrinde* (quercus robur)

1. Heimisches Buchengewächs; genutzt wird die Rinde junger Zweige, die noch keine Borke entwickelt haben; Aufgüsse lindern erhöhte Fußschweißbildung und unterstützen die Heilung von Erfrierungen an Händen und Füßen; Tees werden bei Entzündungen von Mundschleimhaut und Zahnfleisch empfohlen

2. Als Beimischung zu Räucherungen soll es gegen negative Einflüsse wirken; alter Kultbaum, der dem germanischen Gott Donar bzw. Thor geweiht war

Eisenhut (aconitum napellus)

giftigste Pflanze in Mitteleuropa

Eisenkraut (verbena officinalis)

1. Heimisches Krautgewächs; Verwendung findet das ganze Kraut; wirkt als Tee harn- und schweißtreibend, hat somit einen entgiftenden Charakter; früher als wichtiges Heilmittel bekannt, wird heute durch spezifisch wirksamere Kräuter ersetzt

2. Räucherungen mit dieser Pflanze wird gerne für Liebesrituale eingesetzt, sie ist der Venus geweiht und galt bei den Kelten als heilige Pflanze; sehr wirksam auch für Erfolg, Reinigung und Schutz

Einweihung, *Weihe*

zeremonielle Handlung, Gegenstände, Menschen oder Orte werden einem bestimmten spirituellen Zweck zugeführt; geweiht werden beispielsweise Talismane, um ihre Wirkung zu entfalten oder Menschen, um ihre spirituelle Aufgabe zu übernehmen

Ekstase

das „heraustreten" aus sich selbst, die Veräußerung aller inneren Prozesse, zum Beispiel im Tanz

Elemente

Wasser, Feuer, Erde, Luft; die Elemente galten in der Antike als die Baustoffe des Lebens; als solche finden sie heute Beachtung auf jedem > Altar; Elemente können durch Symbole oder Gegenstände ebenso dargestellt werden wie durch die Erzengel; die untere Darstellung zeigt verschiedene Kategorien für die Zuordnung zu den Elementen

Feuer	Wasser	Erde	Luft	Kategorie
Kerze, Schutz-kerze	Wasser/ Kelch Muschel	Erde, Pflanzen-teile, Holz, Stein	Athame, Zaubersta b, Feder, Räucheru ng	Gegenständ e auf dem Altar
Salama n-der	Undinen	Gnome	Sylphen	Elementar-wesen
Uriel	Gabriel	Michael	Raphael	Erzengel
Süden	Norden	Westen	Osten	Himmels-richtung
Widder , Löwe, Schütz e	Krebs, Skorpio n, Fische	Stier, Jungfra u, Steinbo ck	Wasser-mann, Zwillinge , Waage	Tierkreis-zeichen
△	▽	▽̶	△̶	Zeichen
Chole - risch	Phlegma - tisch	Melan - cholisch	Sangui-nisch	Stimmung

Um der Einheit des Alls Ehre zu erweisen, befindet sich auf einem Altar der weißen Hexe grundsätzlich für jedes Element ein Vertreter; der > Wächterruf ehrt ebenfalls jedes Element

Elfe, *Alb, Elbe, Elb*

sehr heterogene Gruppe von Fabelwesen in Mythologie und Literatur; Lichtgestalten oder Naturgeister, ursprünglich aus der nordischen Mythologie; Energieformen, die uns überwiegend begegnen, wenn wir unser > Bewusstsein für die Natur schärfen

Elfenkraut

> Erdrauchkraut

Elixier, *Elixir*

in der Heilkunde ein in Wein oder Alkohol gelöster Auszug aus Heilpflanzen mit verschiedenen Zusätzen; es sind Überlieferungen bekannt, nach denen Elixiere wahre Wundermittel gegen Krankheit oder Alter sein sollen

Energie

fundamentale physikalische Größe, die in allen

Teilgebieten der Physik sowie in der Technik, der Chemie, der Biologie und der Wirtschaft eine zentrale Rolle spielt; Kraft, die sich in unterschiedlichen Qualitäten die Magie zunutze macht

Energiearbeit, *Lichtarbeit*
spezielle Technik, die die feinstoffliche Struktur eines Körpers beeinflusst; durch Berührungen oder mentale Energien sollen Kleinstteilchen in Bewegung und damit in Harmonie gesetzt werden; durch Energiearbeit wird die Steigerung des allgemeinen Wohlbefindens, die Erhaltung von Gesundheit und die Aktivierung der Selbstheilungskräfte im Krankheitsfall angestrebt; Energiearbeit erfolgt dabei mit Hilfe der Hände oder des Geistes des Energie-Gebenden

✶ **Exkurs: Energiearbeit mit der Technik „Reiki"**
Reiki ist die Bezeichnung für eine Form der Energiearbeit, die ihren Ursprung in Japan hat. Sie unterscheidet sich nicht grundlegend von der Energiearbeit in der weißen Magie, für die es allerdings keine einheitliche oder eigene Bezeichnung gibt.

Selbstheilungskräfte sind in jedem Organismus vorhanden. Neue Untersuchungen zu diesem Thema haben ergeben, dass Zuwendung und persönliche Ansprache maßgeblich zur Gesundung eines Menschen beitragen können. Freundliche Ärzte und Pflegekräfte sind für Patienten wichtig, sie helfen dabei, Vertrauen aufzubauen. Eben dieses Vertrauen entscheidet über den Verlauf einer Heilung. Durch menschliche Zuwendung und eine vertrauensvolle Atmosphäre gewinnt der Kranke Hoffnung und vor allem aber auch Selbstbewusstsein. Eben dieses Selbstbewusstsein ist notwendig, um die Selbstheilungskraft zu stärken. Reiki kann hier verstärkend wirken. Durch Reiki wird die Fähigkeit zur Entspannung erleichtert, was eine vorbeugende Wirkung hat.

Wirkung und Möglichkeiten einer Selbstbehandlung mit Reiki

Reiki für sich selbst anzuwenden ist theoretisch jedem möglich. Allerdings erfordert es konsequente Übung, wenn wirklich spürbare Ergebnisse erzielt werden sollen. Tägliche Übung ist wichtig, wenn es sich einrichten lässt. Benötigt werden etwa 30 Minuten und die Tageszeit kann frei gewählt werden. Bei Übungen vor dem Schlafen gehen hilft Reiki, gut in den Schlaf zu finden. Reiki ist eine Möglichkeit, sich selbst Zuwendung zu geben. Es drückt aus, wie positiv man zu sich und zum eigenen Leben steht. Man wird bald merken, dass das Umfeld verändert reagiert, wenn man lernt, selbst gut für sich zu sorgen.

Ganz gleich, welcher Grad im Reiki bereits erworben wurde oder ob man zum ersten Mal mit Reiki in Kontakt tritt, Reiki kann man immer nutzen, um sich selbst und seinen Mitmenschen Gutes zu tun. Empfohlen wird allerdings, Reiki erst dann anderen zukommen zu lassen, wenn man durch die erste Einweihung selbst gelernt hat, die eigenen Energiekanäle effektiv zu nuten.

Die folgende Übung benötigt eine halbe Stunde Zeit.

Den Raum vorher gut durchlüften, eine Kerze anzünden und sich auf den Rücken legen oder sich bequem auf einen Stuhl setzen. Sanfte Entspannungsmusik im Hintergrund laufen zu lassen bleibt einem selbst überlassen.

Übung: Wir schließen die Augen und stellen uns vor, eine Kugel schwebe über unserem Kopf. Diese Kugel strahlt Helligkeit aus. Die Kugel ist unser Bild für universelle Lebensenergie. Sie schwebt solange wir es wollen und Ihre

Strahlen voller Licht und Liebe, voller positiver Energie treten in unseren Kopf ein. Wärme und Licht, ein Wohlgefühl breitet sich in unserem Kopf aus. Wir lassen diese Energie nun weiter fließen. Durch unseren Hals, über unsere Schultern bis in die Fingerspitzen. Wir nehmen uns viel Zeit, wir fühlen, wie die Energie uns langsam durchströmt.

Wenn sich ein angenehmes Gefühl bis in unsere Fingerspitzen ausgebreitet hat, lassen wir Energie von Kopf über den Hals in unseren Brustkorb fließen. Unser Brustkorb wird jetzt ebenfalls von Wärme und Licht durchflutet. Nun fließt die Energie weiter in den Beckenbereich, die Beine und bis hinunter in unsere Fußspitzen. Wir lassen immer wieder Energie von unserer Kraftkugel in unseren Körper strömen, bis wir ganz und gar angefüllt sind mit Reiki.

Wir fühlen die Ruhe und die Harmonie, die in uns sind.

Wir stellen uns dann vor, wie wir selbst als Kraftfeld helles Licht an unsere Umgebung abgeben.

Diese Übung ist nicht leicht. Wir nehmen uns einige Tage lang regelmäßig Zeit zum Üben. Wenn wir unsere Kraftkugel mühelos aufbauen können und in der Lage sind,

Reiki in unseren ganzen Körper fließen zu lassen, können wir den nächsten Schritt gehen. Bei größeren Schwierigkeiten suchen wir vielleicht einen erfahrenen Reikilehrer, der uns auf unserem Weg begleitet.

Wir haben mit Reiki die Möglichkeit, innere Harmonie und Ausgeglichenheit sowohl auf seelischer als auch auf körperlicher und geistiger Ebene für uns selbst herzustellen. Das bedeutet, Gefühlsschwankungen und Unsicherheiten nehmen ab, Trauer und Ängste lassen sich besser verarbeiten. Außerdem können wir Erschöpfung und Verkrampfungen unseres Körpers positiv beeinflussen. Grübeleien, Sorgen und Zweifel werden minimiert. Unser Körpergefühl verbessert sich, das Selbstbewusstsein, das Wissen um uns selbst, wird gestärkt.

Der Aufbau einer Selbstbehandlung mit Reiki

Der nächste Schritt ist das Lenken der Energie. Wir haben in der letzten Übung gelernt, wie gut und erholsam es sich anfühlt, wenn Reiki unseren Körper durchströmt. Nehmen wir aber an, nur einzelne Bereiche unseres Körpers sind von Schmerzen oder Anspannung betroffen. Als nächstes werden wir lernen, Reiki gezielt auf bestimmte Regionen wirken zu lassen und zu lenken.

Übung: Wir setzen uns bequem auf einen Stuhl und stellen beide Füße nebeneinander auf den Boden. Wir entkrampfen unsere Schultern und halten den Kopf aufrecht. Dann legen wir unsere Hände ungefähr auf Höhe des Kehlkopfes mit den Handflächen aneinander. Wir atmen bewusst durch die Nase ein und durch den Mund wieder aus. Wir visualisieren die Kraftkugel über Ihrem Kopf und lassen Energie in unseren Kopf einströmen. Die Energie nimmt jetzt ihren Weg durch die Herzregion. Wir fühlen, wie unser Brustkorb sich weitet und mit Wärme und Licht auffüllt. Dann fließt die Energie zurück nach oben bis in die Schultern und durchströmt die Arme bis in die Hände. Wir stellen uns vor, die Energie fließt aus unseren Handflächen heraus und bildet dabei einen kleinen, strahlenden Ball. Dieser Ball zwischen unseren Handflächen wächst und strahlt Energie ab. Wir alten ihn eine Weile dort, wo er ist. Eben diese Energie können wir nun beliebig auf bedürftige Stellen unseres Körpers bringen und von unseren Handflächen aus wird Reiki in sie hineinfließen. Wichtig bei dieser Übung ist es, die Energie immer den gleichen Weg nehmen zu lassen, also von Kopf in den Herzbereich, von dort über die Schultern in die Arme und dann in die Handflächen bzw. aus den Handflächen wieder heraus. Nehmen wir an, wir haben Kopfschmerzen im Stirnbereich. Wir bauen unsere Kraftkugel auf und lassen die Energie den folgenden Weg durch Ihren Körper nehmen: Kopf, Hals, Herz, Schultern, Arme. Von den Armen aus fließt die Energie in unsere Hände und dort tritt sie an den Handinnenflächen wieder aus. Wir legen die Hände auf unsere Stirn und lassen Reiki auf die schmerzende Stelle fließen. Dieser Prozess darf ruhig zehn Minuten oder länger dauern. Wir denken dabei an nichts anderes als an das Licht und die Wärme, die unsere Stirn durchfluten. Die angespannten Nerven hinter unserer Stirn werden sich entspannen und die Kopfschmerzen werden sich bessern oder sogar ganz verschwinden. Und das durch die Kraft, die wir in unseren Händen haben. Wir waschen uns vor und nach einer Reikianwendung die Hände, um negative Energien abzuspülen. Je weiter wir durch einen Lehrer eingeweiht sind, umso stärker und wirkungsvoller fließt Reiki.

Wie können jetzt unsere Kraftkugel aufbauen und Reiki durch unsere Hände weitergeben. Zur Übung empfiehlt sich eine Anwendung am gesamten Körper.

Übung:

Wir denken an frische Luft im Raum, an die Kerze und das Waschen der Hände. Dann beginnen wir, indem wir die universelle Lebensenergie in unsere Handflächen leiten. Jetzt legen wir unsere Hände auf verschiedene Körperstellen und lassen sie jeweils drei bis vier Minuten dort liegen. In dieser Zeit fließt Reiki in die betreffenden Regionen.

Wir visualisieren, wie Licht und Wärme in unseren Körper strömen.

Wir beginnen am Kopf. Wir legen beide Hände oben an die Seiten unseres Kopfes und lassen Reiki durch unsere Handflächen fließen. Unsere Fingerspitzen treffen in Scheitelnähe fast zusammen. Hiermit erreichen wir einen besonders empfindlichen und aufnahmefähigen Energiebereich. Im Reiki wird er Kronenchakra genannt.

„Chakra" kommt aus dem Sanskrit und heißt Rad.

Insgesamt haben wir sieben Chakras, also

Hauptenergiebereiche am Körper, die wir während der Ganzbehandlung nacheinander mit Reiki zu versorgen lernen. Wir atmen dabei ruhig ein und aus. Die nächste Position für unsere Hände ist das Gesicht. Wir legen die Hände locker auf, so dass die Fingerspitzen etwa oberhalb der Augenbrauen liegen. Dann folgen die Ohren. Wir üben keinen Duck mit den Händen aus und achten darauf, die Hände am Kopf immer symmetrisch zu platzieren. Nur die letzte Kopfposition ist asymmetrisch. Hierzu legen wir die linke Hand auf den unteren Hinterkopf, etwa dort, wo die Wirbelsäule in den Schädel eintritt. Die rechte Hand wird auf die Stirn gelegt. Diese Position versorgt speziell das zweite Chakra, das Stirnchakra. Wir können diese „Kopfpositionen" immer wieder zur Ruhe und Entspannung nutzen, wenn wir nicht die Zeit für eine Ganzbehandlung haben.

Es geht jetzt weiter mit unseren Händen auf den Schultern. Besonders hier stellen wir uns ganz intensiv Licht und Wärme vor, denn die Schultern sind beim modernen Menschen immer recht verspannt.

Nach den Schultern kommt der Halsbereich an die Reihe. Hier liegt das Kehlkopfchakra, das auch als Halschakra bezeichnet wird. Wir legen die Hände um unseren Hals, so dass die Fingerspitzen nach hinten zeigen. Wenn wir diese Berührung als unangenehm empfinden, halten wir die Hände mit kurzem Abstand vor den Hals, Reiki fließt auch ohne Hautkontakt.

Danach legen wir die Hände auf unsere Herzregion, hier sitzt das Herzchakra. Wir legen die eine Hand weiter links und die andere auf die Mitte des Brustkorbs auf. Unsere Hände werden die richtige Position finden, denn Reiki sucht sich seinen Weg.

Nach dieser Position kommt der Bauchraum an die Reihe. Hier werden erst beide Hände etwa auf Höhe des Solar-Plexus aufgelegt. Dieser Bereich heißt Nabelchakra. Wir testen, ob es uns gut tut, Reiki zusätzlich in die Nierengegend fließen zu lassen.

Die vorletzte Stelle ist der Unterbauch, etwa oberhalb der Schamhaargrenze, das Sakralchakra. Dieses Chakra wird auch als Sexualchakra bezeichnet.

Den Abschluss bildet der Steiß. Wir können hier eine Hand von oben und die andere Hand von unten auflegen. Etwa zwischen dem Damm und dem Steißbein liegt das so genannte Wurzelchakra, auch Basischakra genannt. Wenn wir ein warmes Kribbeln in den Handflächen fühlen, fließt Reiki besonders stark. Wir verweilen dann ruhig länger als vier Minuten an dieser Stelle, mit der Zeit werden wir sehr viel Routine dabei entwickeln, uns selbst mit Energie zu versorgen.

Nun sind alle wesentlichen Energiezentren in unserem Körper von Licht und Wärme durchflutet und wir fühlen uns erholt und gestärkt. Wir genießen dieses Gefühl noch ein Weilchen, bevor wir langsam wieder aufstehen, um uns abschließend die Hände zu waschen.

Natürlich gibt es noch viele weitere Positionen für unsere Hände, aber mit den oben genannten wurden die besten Erfahrungen gemacht. Wir können ruhig ein wenig experimentieren. Tut Reiki uns im Kniebereich gut? Oder hilft uns das Handauflegen im Bereich der Lendenwirbelsäule? Vertrauen wir auf unsere Intuition, wir selbst wissen sehr genau, was gut für uns ist.

Hier werden die Positionen der Ganzbehandlung noch einmal zusammengefasst. Im Verlauf der weiteren Ausführungen wird immer wieder auf diese Positionen verwiesen.

1. Kopfpositionen:

a. Kronenchakra, beide Seiten des Kopfes mit den Fingerspitzen Richtung Scheitel

b. Gesicht, Fingerspitzen etwas oberhalb der Augenbrauen

c. Ohren, beide Ohren mit den hohlen Händen bedecken

d. Stirnchakra, linke Hand am Hinterkopf, rechte Hand vor der Stirn

2. Schultern

3. Halschakra, Hände vor dem Kehlkopf, Fingerspitzen zeigen nach hinten

4. Herzchakra, Hände in Herznähe auf dem Brustkorb

5. Nabelchakra, Hände mit Fingerspitzen nach innen in Höhe des Solar-Plexus

6. Sakralchakra, Hände etwas oberhalb der Schamhaargrenze, Fingerspitzen zeigen nach innen

7. Wurzelchakra, im Liegen eine Hand unter dem Steiß, eine Hand vorne über dem Steiß

Reiki als Ganzbehandlung zur Entspannung

Wir können Reiki jetzt fließen lassen und lernen nun, uns dadurch zu entspannen. So wie die weiteren Abschnitte ist auch der folgende in vier Abschnitte unterteilt.

Zuerst lesen wir, welche Zeichen der Disharmonie bearbeitet werden sollen. Danach folgt eine Reihe von Fragen, denen wir uns möglichst offen stellen sollten. Denken wir einfach nur darüber nach, uns wird etwas auffallen. Die Fragen greifen den Bezug zwischen Körper und Seele auf und verdeutlichen die Zusammenhänge. Im dritten Teil erhalten wir die Anleitung dafür, Reiki in die betreffenden Stellen fließen zu lassen und den Abschluss bilden Affirmationen und/ oder eine Meditationsanregung. Durch die Entspannung werden Stress und Disharmonie aufgelöst. Der angespannte Mensch fühlt sich unausgeglichen und ist leicht reizbar und oft auch erschöpft. Überforderung kann ein weiteres Anzeichen sein.

Denkanstöße:

Was unternehmen wir regelmäßig nur für uns selbst? Sind wir uns wichtig genug? Was setzt uns unter

Leistungsdruck? Können wir Aufgaben an andere abgeben? Trauen wir anderen zu wenig zu? Was geschieht, wenn nicht immer alles perfekt ist? Welche Gefühle unterdrücken wir?

Reikianwendung:

Wir waschen uns die Hände, lüften den Raum und zünden eine weiße Kerze an. Wir lassen die Kraftkugel zwischen unseren Händen entstehen. Wir liegen flach auf dem Rücken. Die folgenden Positionen werden nun der Reihe nach eingenommen. Wir verweilen in jeder Position etwa drei Minuten.

Kopfpositionen, Schulter, Halschakra, Herzchakra, Nabelchakra, Sakralchakra und Wurzelchakra.

Wir stellen uns vor, dass Energie in uns einströmt und unsere Sorgen und Belastungen zu unseren Fußsohlen austreten.

Danach können wir entweder das Gefühl der Ruhe und Entspannung in uns genießen, oder wir ergänzen die folgenden Positionen.

Zur Ergänzung:

Wir legen eine Hand auf das Wurzelchakra und die andere auf unseren Scheitel (Kronenchakra). Stellen wir sich vor,

dass Reiki in uns einfließt und beiden Hände einen
Kreislauf zwischen den beiden Regionen herstellt.

Danach schließen wir den Kreis zwischen dem Sakral- und
dem Stirnchakra. Als nächstes wählen wir die Verbindung
von Nabel- und Halschakra.

Zuletzt legen wir wieder beide Hände auf das Herzchakra.
Auch in den ergänzenden Positionen sollten wir unbedingt
drei Minuten ausharren.

Unterstützende Maßnahmen:

Wir sind jetzt zur Ruhe gekommen und können uns
gestärkt wieder an unsere Aufgaben begeben. Vielleicht
nehmen wir uns noch ein paar Minuten Zeit, uns mit den
Lebensregeln des Reikibegründers zu beschäftigen. Er hat
eine ganz eigene Lebenseinstellung formuliert, die dabei
helfen soll, ein Leben in Gelassenheit und Freude zu
führen. Auch das Reflektieren dieser Regeln wird uns Ruhe
geben. Wenn wir uns bemühen, unser Leben ein wenig
darauf einzustellen, werden wir bald merken, dass
Stresssituationen und Überforderungen insgesamt weniger
werden.

1. Gerade heute freue dich.
2. Gerade heute sei glücklich und frei.
3. Ehre deine Eltern, deine Lehrer und die Alten.
4. Verdiene dein Brot ehrlich.
5. Sei ehrfürchtig und liebevoll gegenüber allem Leben.

Auf den ersten Blick scheint hier nichts ausgedrückt, was wir nicht ohnehin alle schon oft gehört haben. Doch nehmen wir uns für jede Regel genug Zeit und hinterfragen unsere eigene Einstellung dazu. Besonders mit der zweiten und der letzten Regel haben viele Menschen mehr Schwierigkeiten als sie am Anfang vermuten würden. Es ist nicht leicht, jeden Tag ein Glücksgefühl zu empfinden oder sich täglich der eigenen Freiheit bewusst zu sein.

Affirmation:

„Ich bin ein freier Mensch und habe Freude daran, ein selbst bestimmtes Leben zu führen."

Um Energiearbeit effektiv durchführen zu können, empfiehlt sich für die meisten Menschen, die vorgesehenen Einweihungen in die betreffenden Grade durchführen zu lassen. Einweihungen im Rahmen der Energiearbeit sind Reinigungshandlungen, die dafür sorgen, dass die

Energiekanäle auch geöffnet und frei von Blockaden sind. Für dein Hexenwerk genügt dieser kleine Einblick.

Energiekörper

> Aura

Engelwurz

> Angelikawurzel

Erdrauchkraut (fumaria officinalis)

einjährige krautiges Mohngewächs; verwendet werden Blätter, Blüten und Stängel; wirkt leicht hanrntreibend und verdauungsfördernd, reguliert den Gallenfluss; äußerlich zur Wundreinigung geeignet

Eremit, *Der Eremit*

Karte IX im großen > Arkanum; Weisheit, Licht, innere Stabilität; sich selbst vertrauen können

Erdbeerquarz

Stein, der den Humor fördern und helfen soll, sich weniger wichtig zu nehmen

Erde

eines der vier Elemente; Sinnbild für die nährende Mutter;

Gottheit in der weißen Magie; Planet auf dem unser
diesseitiges Leben stattfindet

Erdrauchkraut, *Erdrauch* (fumaria officinalis)
1. Heimisches Mohngewächs, verwendet wird das ganze
Kraut (ohne Wurzel) zur Bereitung von Tee, hilft bei
Verstopfung und Gallenbeschwerden
2. mittels dieser Räucherpflanze versuchten Hexen und
Zauberer Kontakt mit den Toten aufzunehmen oder um sich
unsichtbar zu machen, soll auch böse Geister austreiben

Erkenntnis
sich einstellendes Wissen um Zusammenhänge des eigenen
oder des globalen Lebens; wird über das Stirnchakra
aufgenommen

Erle
die Erle steht für das Symbol der Sinnlichkeit;
die Kelten behaupteten, dass in ihr Elfen, Feen und gute
Geister hausten; ideal für Fruchtbarkeitszauber,
Schwangerschaft und Sehnsüchte

Erleuchtung
Erkenntnis, die zu einer besonders reinen Klarheit führt;

früher nahm man an, Erleuchtete stünden kurz vor dem physischen Tod; heute weiß man, dass Erleuchtung schrittweise vor sich gehen kann und nicht das körperliche Sterben nach sich ziehen muss

Ernte

logische Folge der eigenen Aussaat; Ernte wird auch eingefahren, wenn nicht gesät wurde, dann erntet der Mensch für sein Unterlassen; in der weißen Magie haben die Erntefeste eine hohe Bedeutung

Esbat

Vollmondfest der Hexen; keine Feiertage; der Vollmond trug jeweils unterschiedliche Namen und wurde im Rahmen einer kleinen Feier geehrt; Namen der Esbats sind, von Januar bis Dezember (Achtung, die Überlieferungen sind hier nicht einheitlich):

Wolfs-Mond

Sturm-Mond

Reiner Mond

Saat-Mond

Hasen-Mond

Zwei-Einigkeitsmond, Liebesmond

Honigwein-Mond, Met-Mond

Schicksals-Mond, Kornmond

Gersten-Mond, Erntemond

Blut-Mond

Schnee-Mond

Eichen-Mond

der zweite Vollmond in einem Monat wird Blue Moon
genannt und kommt nicht in jedem Jahr vor; er ist der 13.
Vollmond, an dem Magie besonders wirkungsvoll sein soll

Esche (fraxinus excelsior)

heimisches Ölbaumgewächs, genutzt werden die Blätter
ohne Mittelrippe, Tee mit leicht abführender und
wassertreibender Wirkung, hilft gegen
Wasseransammlungen im Körper

Estragon (artemisia dracunculus)
Gewürzpflanze, allerdings wird vermutet, dass sie
krebserregende Stoffe enthält, der Gebrauch sollte daher
eingeschränkt bleiben

Esoterik

in der ursprünglichen Bedeutung des Begriffs eine
philosophische Lehre, die in der Antike nur für einen

begrenzten „inneren" Personenkreis zugänglich war; inzwischen auch Bezeichnung für einen Wirtschaftszweig, der sich auf Produkte und Dienstleistungen zur Sinnfindung spezialisiert hat

Ethik
Wissenschaft, die sich mit dem menschlichen Handeln auf moralischer Ebene befasst

Eukalyptus (eucalyptus globulus labill.)
1. ursprünglich in Südwestaustralien und Tasmanien beheimatetes Myrtengewächs, wird heute in vielen Gebieten der Mittelmeerländer, der Tropen Afrikas und Asiens, Südamerikas und Südchinas angebaut, zur Verwendung kommen die Blätter als Tee und das aus ihnen gewonnene ätherische Öl, wirkt bei Husten, Bronchitis und Asthma
2. hat eine keimtötende Wirkung, wird gerne bei Heilungsräucherungen verwendet, soll auch böse Geister abwehren und wird deshalb für Schutz geräuchert

Evokation

Beschwörung eines Geistwesens oder Ahnen, einen anderen Platz einzunehmen

Exorzismus

in den Religionen die Praxis des Austreibens von Dämonen bzw. des Teufels aus Menschen, Tieren, Orten oder Dingen; Hexen waren früher Opfer dieser Praktiken

Extase

psychischer Ausnahmezustand, der mit Bewusstseinsveränderungen einhergeht; diese Veränderungen müssen nicht positiver Natur sein; wurde teilweise durch den Gebrauch von Rauschmitteln herbeigeführt

F

Die Entsprechung des F im Runenalphabet ist Fehu

In der Hexenschrift sieht das F so aus: ⚡

Farbe

Wahrnehmung von Licht in seinen unterschiedlichen
Frequenzen; spielt in der weißen Magie, bei > Ritualen und
 > Ritualkerzen eine besondere Rolle

Fee

Fabelwesen, männlich und weiblich, die den Menschen zur
Seite stehen

Fehu, *Feoh*

erste Rune im älteren Futhark; Vieh, Besitz, Reichtum

Feldspat

Mineral; der Überlieferung nach hilfreich beim Erkennen
neuer Perspektiven, soll die geistige Flexibilität fördern

Fenchel (foeniculum vulgare)

1. Doldengewächs; aus dem Mittelmeerraum stammend, heute in Südeuropa und Amerika angebaut, hierzulande in Gärten anzutreffen; verwendet wird meist die reife Frucht; in Tee oder als ätherisches Öl hilfreich als Hustenmittel; wirkt auch für Kinder beruhigend, hilft gegen Blähungen

2. diese Pflanze wird bei Reinigungsräucherungen eingesetzt und soll Menschen von Flüchen befreien

Fenrir

In der nordischen Mythologie ist Fenrir ein Dämon in Wolfsgestalt

Feuer

eines der vier Elemente, das durch seine reinigende Wirkung seine Bedeutung hat; Feuer transformiert, daher führt eine Verbrennung zu einer Läuterung/ Reinigung

Fichte, *Fichtennadeln* (picea abies)

1. Kieferngewächs; Vorkommen in Mittel- und Nordeuropa und Nordamerika; Extrakte aus den Nadeln, das Harz und ätherische Öle finden vielseitige Anwendung; Einreibungen und Salben wirken erfrischend und juckreizstillend,

schmerzlindernd bei rheumatischen Beschwerden und Muskel- oder Nervenschmerzen

2. Räucherungen mit diesen Pflanzenteilen sollen reinigend und desinfizierend wirken

Flint

Bekannt als Feuerstein; soll die Kommunikation unterstützen

Flugsalbe

Salbe mit Substanzen, die Visionen und Erscheinungen hervorrufen konnte; wurde von den Hexen auf die Armbeugen gestrichen und ging von dort ins Blut; es sind verschiedene Rezepte im Umlauf, das ursprüngliche Rezept kann nicht mehr ermittelt werden; der Name Flugsalbe entstand durch die Befreiung der Seele aus dem Körper

Frauenmantel (alchemilla vulgaris)

heimisches Rosengewächs; genutzt wird das ganze Kraut (ohne Wurzeln); der Tee wirkt bei Magen- und Darmbeschwerden; warme Umschläge lindern Menstruationsbeschwerden

Freya, *Freyja*

nordgermanische Göttin der Liebe und der Ehe; ähnelt der Venus des römischen Götterhimmels

Fruchtbarkeit

körperliche und geistige Fähigkeit, neue Lebensprozesse in Gang zu setzen

Frühjahrsäquinoktium

Tag- und Nachtgleiche am 21. März

Fuchsit

Mineral, wirkt durch seinen fast giftigen Grünton faszinierend; soll Schutz bieten und Abgrenzung ermöglichen

Fünftes Haus

Das 5. Haus bedeutet in der Horoskopanalyse die Fähigkeit, selbständig und unternehmerisch zu handeln, es entspricht dem schöpferischen Prinzip und schließt auch die biologische Ebene der Fortpflanzung mit ein.

Futhark

Runenalphabet, bestehend aus 24 Runen; der Name Futhark

setzt sich aus den ersten 6 Runen zusammen: Fehu, Uruz, Thurisaz, Ansuz, Raidho, Kenaz.

G

Das G entspricht in der Runenschrift dem Gebo

In der Hexenschrift schreibt sich das G so: 𝒰

Gänseblümchen (bellis perennis)

Heimisches Korbblütengewächs, Blüten und Blätter als Tee oder Salatbeilage regen den Stoffwechsel an

Gagat

Mineral; Optimismus und Zuversicht sollen gestärkt werden; soll auch helfen, traurige Situationen zu überstehen

Gewürz

meist Kraut, das eine Speise schmackhafter machen; die Wirkung der Kräuter wird durch das Verarbeiten in der Nahrung nicht aufgehoben

Gebo, *Gifu*

Siebte Rune des "Älteren Futhark"; Geschenk, Partnerschaft, Ehe

Geburt

Heraustreten aus einer Wachstumsphase in eine neue
Erlebniswelt

Geburtshoroskop

im Geburtshoroskop findet man die
Ausgangskonstellationen der Planeten zum Zeitpunkt der
Geburt; diesem Bild können alle wichtigen Informationen
zur Horoskopanalyse entnommen werden

Gefühl

wahrnehmbare Regungen, die sich durch die
Wahrnehmung von Tönen, Farben, Klängen aber auch
anderen Reizen einstellen

Geist

die oft als spirituell bezeichneten Annahmen einer nicht an
den leiblichen Körper gebundenen Kraft und Fähigkeit, die
einer höheren Macht geschaffen und mit ihr identisch ist;
nicht zu verwechseln mit „Verstand"

Geister

körperlose Energien, die Kontakt zum Menschen
aufnehmen können

Geistheilung

Der Geistheiler überträgt durch Gebet, Meditation oder Handauflegen seine heilende Energie auf den Patienten. Auch Fernheilung gehört dazu; Ziel ist es, wieder eine Harmonie von Körper, Geist und Seele zu erreichen

Geldmagie

magische Handlungen, die speziell für das Erlangen von finanziellen Mitteln betrieben werden; beste Tage sind Donnerstag (Jupiter) oder Mittwoch (Merkur), Neumond oder zunehmender Mond, Farben dunkelblau (Jupiter) oder violett (Merkur)

Gerechtigkeit

in der weißen Magie liegt Gerechtigkeit vor, wenn die Ernte eine Folge der Aussaat ist

1. Karte XI im großen > Arkanum
2. Klugheit, Ausgewogenheit, Ausgleich

Gesetz

> universelle Gesetze

Gesundheit

Zustand im Einklang von Körper, Seele, Geist mit gleichzeitiger Harmonie in sich selbst und mit der Umwelt

Gesundheitsmagie

magische Handlungen zum Erhalt oder zur Wiederherstellung der Gesundheit eines Lebenswesens; besonders häufig werden Schutzsymbole verwendet, um Krankheit schon im Vorfeld abzuwehren

Gewürznelke (caryo phylliflos)

1. Myrtengewächs; stammt von den Philippinen und den Molukken, wird auch in Malaysia und in Ostafrika kultiviert; genutzt werden die Blütenknospen als Gewürz für Getränke und Backwaren; die ätherischen Öle wirken desinfizierend für den Mund- und Rachenraum

2. Rauch dieses Räuchermittels soll böse Geister aber auch Insekten vertreiben; sehr beliebt als Zusatz zu Räucherstäbchen, schafft eine spirituelle Atmosphäre, in der sich negative Gefühle, Gedanken und Schwingungen verziehen; soll Reichtum anziehen und auch aphrodisierend wirken

Ginkgo, *Ginkgoblätter* (ginkgo folium)

1. Traditionell in Ostasien als Tempelbaum angepflanzt, wird heute auch in Europa wieder kultiviert; Blätter werden für alkoholische Auszüge verwendet, Tee wird kaum bereitet; hilfreich bei arteriellen Durchblutungsstörungen und bei Gefäßschäden

2. Soll als Räucherung bei Nervosität und Konzentrationsmangel helfen

Ginseng, Ginsengwurzel (ginseng radix)

1. Araliengewächs, beheimatet in der Mandschurei, in Nordkorea und an der pazifischen Küste, verwendet wird die Wurzel, stärkt die körpereigenen Abwehrkräfte, wirkt allgemein stärkend

2. dieses Räuchermittel wird häufig bei Heilungsritualen eingesetzt, soll Krankheiten austreiben und die Selbstheilungskräfte aktivieren

Glaskugel

> Kristallkugel

Glaube

Überzeugung, die den Sinn des Lebens und der Existenz erklärt

Glaubenssatz

>Affirmation

Glücksbringer

>Talisman

Gnade

Unter Gnade versteht man eine wohlwollende, freiwillige Zuwendung. In der christlichen Theologie ist die göttliche Gnade (lat. *gratia*, griech. *charis*) ein zentraler Begriff, besonders im Zusammenhang mit der Erlösung.

Gott, Gottheit

höhere Existenz einer sinngebenden Existenz; in verschiedenen Religionen und Ideologien mit unterschiedlichen Bildern bis hin zur vollständigen Transzendenz dargestellt

Göldi, Anna, oder *Göldin*

*1734 in Sennwald, † 13. Juni 1782 in Glarus (Schweiz) hingerichtet; gilt als die „letzte Hexe Europas"; wegen angeblicher Verzauberung einer jungen Frau wurde Anna Göldi der Hexerei beschuldigt und angeklagt; in dem anschließenden Gerichtsprozess gab Göldi unter Folter zu,

die Kräfte des Teufels zu nutzen; der Glarner Rat verurteilte sie am 13. Juni 1782 zum Tod durch das Schwert; das Urteil wurde umgehend vollstreckt; sorgte trotz Pressezensur in der Schweiz und in Deutschland für Aufruhr und wurde als Justizmord bezeichnet; in der Urteilsbegründung wurde der Vorwurf der Hexerei vermieden und die Gerichtsakten vernichtet, sie wurde als Giftmörderin hingerichtet;

nach Auswertung bisher unbekannter Quellen kommt der Journalist Walther Hauser zu dem Schluss, dass Anna Göldi vermutlich ein Verhältnis mit ihrem Dienstherren Johann Jakob Tschudi hatte und von diesem möglicherweise auch vergewaltigt wurde; da überführte Ehebrecher als unfähig galten, ein politisches Amt zu bekleiden, beschloss Tschudi wahrscheinlich, die Anna Göldi zu beseitigen und initiierte den Hexenprozess, der mit Göldis Hinrichtung endete

Gral, *heiliger Gral*
der Heilige Gral ist ein Symbol für den tiefen Wunsch nach Ganzheit und Erkenntnis; jeder muss seinen eigenen Weg

zum Gral suchen und jeder wird auf seine eigene Weise
Erfüllung finden

Greisin, weise Alte

Frau jenseits der biologischen Fruchtbarkeitsgrenze

Großes Arkanum

22 Karten des Tarot-Decks, die so genannten
Trumpfkarten, die den gesamten Lebenslauf eines
Menschen darstellen

> Tarot

Grüner Mann

mythologische Gestalt, oft als Zierde an Hauseingängen,
Naturgottheit keltischen Ursprungs, die Grünkraft ist eine
positive Kraft, die alles durchdringt

Guajakholz (guaiacum officinale)

1. In Südamerika und vielen tropischen Ländern
beheimatetes Jochblattgewächs, das Stammholz wird für
Teezubereitungen verwendet, regt den Stoffwechsel an,
unterstützt die Blutreinigung, regt die Tätigkeit von Leber
und Nieren an

2. Räucherungen mit diesem harten Holz wirken stark

aphrodisierend, sollen die Manneskraft stärken und bei Erkältungen lindernd wirken

Gundelrebe, *Gundermann*

oft vorhandenes Kraut, Vorläufer vom Hopfen; wurde als Schutz- und Heilpflanze verwendet

H

Das H entspricht in der Runenschrift dem Hagalaz

In der Hexenschrift schreibt sich das H so: ᛉ

Hades

Totengott und Herrscher über die Unterwelt; die Unterwelt
wurde ebenfalls Hades genannt

Hämatit

bekannter Schmuckstein; soll helfen, Ziele durchzusetzen
und Tatkraft zu stärken

Hagalaz, *Hagel*

Neunte Rune des "Älteren Futhark": Hagel, drastische
Änderungen

Hagebutte (rosa canina)

1. Frucht der heimischen Heckenrose, Ernte im Herbst,
hoher Vitamin-C-Gehalt, beliebter Haustee ohne spezielle
Eigenschaften

2. Soll als Räucherwerk positive Energien anziehen und zusätzliche Kraft bei allen magischen Handlungen spenden

Hagzussa, *Hagazussa*
ältere Bezeichnung für Hexe; übersetzt etwa „Zaunhockerin", „Hexensitzerin"

Hain
kleiner Wald oder ein Gehölz

Halit
auch bekannt als Kristallsalz; soll reinigend wirken und Klärung des Geistes bringen

Halloween
ursprünglich Volksbrauchtum am Vorabend von Samhain in der Nacht vom 31. Oktober zum 1. November; vorwiegend in Irland

Halluzinogene
psychotrope Substanzen , die bedeutende Veränderungen in Denken und Perzeption, und somit eine stark veränderte Wahrnehmung der Realität hervorrufen können; erzeugen Halluzinationen; meist wurden Pilze oder Harze verwendet; leicht halluzinogene Wirkung hat eine Muskaträucherung

Hasel

Hasel fördert die Hellsichtigkeit und Intuition; Haselzweige fördern die Fruchtbarkeit; die Nüsse der Hasel werden gerne bei Liebesritualen eingesetzt; Haselzweige werden auch zum schnitzen von Zauberstäben benutzt

Heidekraut (calluna vulgaris)

Heimisches Krautgewächs, Blüte und Krautspitzen werden zu Tee verarbeitet, wirkt blutreinigend und Hartreibend, wirkt bei Gicht und Rheuma, äußerlich zur Behandlung von Ekzemen geeignet

Heidentum

grundsätzlich alles, was nicht zum Christentum gehört; eine anmaßende Bezeichnung zur Diffamierung von Nicht-Christen; auch Definition für sich selbst von den Anhängern der Naturreligionen siehe auch Paganismus

heilen

Spaltung und Trennung aufheben, wieder „heil" im Sinne von ganz machen; die Verbindung zwischen Mensch und Mensch und Mensch und Gott wieder herstellen

heilig

in der Verbindung mit allem leben stehend; früher: zu Gott gehörig

Heilsteine

inzwischen nicht mehr zulässiger Begriff für Mineralien, die zu Heilungszwecken eingesetzt wurden; da eine Heilwirkung von Mineralien nicht wirklich nachgewiesen werden kann, darf ein Heilungsversprechen in Verbindung mit Steinen nicht mehr formuliert werden

Giftige Steine

Anglesit, Auripigment, Bunsenit, Cerussit, Fiedlerit, Galenit, Krokoit, Minium
Cinnabarit, Zinnober, Greenockit, Lopezit, Millerit, Nickelin, Rotnickelkies
Rauenthalit, Realgar, Vanadinit, Zinnober > Cinnabarit

ungiftige Steine

Achat, Amazonit, Apophylit, Aventurin, Bergkristall, Bernstein, Bronzit
Calcit, Calkopyrit, Chalcedon, Chrysokoll, Chrysopras, Diamant, Dolomit
Erdbeerquarz, Feldspat, Flint, Fuchsit, Gagat, Halit, Hämatit, Hornblende
Jaspis, Karneol, Labradorit, Lapislazuli, Magnesit, Magnetit, Marmor
Mondstein, Muskovit, Nephrit, Onyx, Opal, Pyrit, Rauchquarz, Rhodonit
Rosenquarz, Rubin, Schneequarz, Selenit, Serpentin, Smaragd, Sodalith
Sonnenstein, Tigerauge, Turmalin, Versteinertes Holz,

Heilsteinkunde

inzwischen nicht mehr zulässige Bezeichnung; wurde
Jahrhunderte hindurch betrieben, allerdings konnte die
Wirksamkeit nie nachgewiesen werden

Heiltrank

ein Trank (auch englisch *Potion* genannt), der durch seinen
Gebrauch -je nach Wirksamkeit- einen bestimmten Anteil
der körperlichen Kräfte bzw. der Gesundheit regenerieren
soll

Heilung

Wiederherstellung der Ganzheit eines Lebewesens

Hekate

Hekate war eine griechische Göttin der Unterwelt und
Herrin der Toten in der Unterwelt; Hekate ist Totengöttin,
Mondgöttin am Himmel, Zaubergöttin und Jagdgöttin auf
der Erde; sie gewährt materiellen wie politischen Erfolg;
sie ist zuständig für die Erziehung der Kinder und somit
auch eine Göttin der Frauen;
Hekate hat sechs Werkzeuge, nämlich Fackel, Schwert,
Dolch, Strick, Schüssel und Schlange; ihr Gewand wird zur

Hälfte schwarz, zur Hälfte weiß dargestellt; besonders an Wegkreuzungen wurde sie kultisch verehrt; die Salweide ist ihr heilig; Hekate wurde von Zeus besonders geehrt, er übergab ihr Teile der Erde und des Sternehimmels; wer Hekate verehrt, kann von der Göttin mit materiellem Wohlstand, Sieg im Kampf und vor Gericht, Ruhm und Ehre bedacht werden; dem Fischer steht sie ebenso bei wie dem Hirten und besonders männlichen Kindern;

Hekate soll von Hera und Zeus gezeugt worden sein, sie wird auch Königin der Nacht genannt;

es gibt allerdings auch noch andere Sagen um ihre Entstehung, so zum Beispiel, dass sie eine Tochter der Demeter (Erdgöttin) war; oder sie soll als ausgesetztes Kind des Zeus von einer Gruppe Hirten aufgezogen worden sein, nachdem sie an einer Wegkreuzung gefunden wurde; deshalb gelten alle Kreuzungen als der Hekate geheiligt; an solchen Plätzen wird besonders gern Zauberei geübt;

Hekate fungiert daher als Schutzgöttin der Hexen und Zauberer; manchmal wird sie speziell als Göttin der Hexen bezeichnet.

Hekate soll auch eine historische Frau gewesen sein, nämlich eine grausame Königstochter, die nicht allein

Fremde, sondern sogar ihren eigenen Vater tötete; als dreifache Göttin verkörpert sie der Mond: zunehmend, voll und abnehmend; oder sie ist Mondin Luna bei der Geburt des Menschen, Diana zu Lebzeiten und Persephone/Hekate im Tode; ihre halb schwarze, halb weiße Kleidung erinnert an die nordische Hel

Hera

in der griechischen Mythologie die Gattin und gleichzeitig die Schwester von Zeus; damit die Tochter von Kronos und Rhea; Wächterin über die eheliche Sexualität; zuständig für den Schutz der Ehe und der Geburt eines Kindes; in der röm. Mythologie: Juno

Herakles, *Herkules*

ein durch seine Stärke berühmter antiker Held, wurde in den Olymp aufgenommen; Heil- und Orakelgott, Beschützer der Sportplätze und Paläste

Herold

Bote; archetypische Figur in Jungs Archetypenlehre

Hermes Trismegistos

Ergebnis/ Sprößling aus der Vereinigung des griechischen

Gottes Hermes mit dem ägyptischen Gott Thot; bis in die Neuzeit glaubte man, Hermes Trismegistos hätte tatsächlich gelebt und wäre der Verfasser der nach ihm benannten hermetischen Schriften; inzwischen ist seine reale Existenz eher zweifelhaft

Hermes

in der griechischen Mythologie der Schutzgott des Verkehrs, der Reisenden, der Kaufleute und der Hirten, andererseits auch der Gott der Diebe, der Kunsthändler, der Redekunst und der Magie; fungierte als Götterbote; sein Tag ist der Mittwoch, seine Farbe und sein Lieblingsduft sind Lavendel; Hermes trägt unsere Wünsche ins Universum und dessen Antwort zu uns; gehört zu den zwölf großen Olympischen Göttern; die römische Entsprechung zu Hermes ist der Gott Mercurius

Hermetik

die Hermetik bezeichnet eine in der Antike wurzelnde religiöse Offenbarungs- und Geheimlehre; geht zurück auf > Hermes Trismegistos ; beeinflusste das naturwissenschaftliche Weltbild bis in das 17. Jahrhundert hinein und prägte den abendländischen Okkultismus

Herrscher, *Der Herrscher*

Karte IV im großen > Arkanum, steht für Schutz, Rüstung, Ordnung, Wille, Stabilität

Herrscherin, *Die Herrscherin*

Karte III im großen > Arkanum, steht für Kraft, Stärke, Selbstvertrauen, Venus, Korn

Hestia

in der griechischen Mythologie die Göttin des Herd- und Opferfeuers und eine der zwölf olympischen Götter; bei den Römern der Hestia glcichgesetzte Göttin ist Vesta

Heublumen, *Wiesengräser* (poaceae)

Heimische Wiesenpflanzen z.B. Lieschgras, Quecke, Trespe, Wiesenlolch, Wiesenschwingel und Ruchgras; ein Gemisch von Blüten, Samen Blatt- und Stengelstücken wirkt beruhigend, dient als heiße Kräuterauflage der Linderung von Muskel- oder Gelenkbeschwerden, auch als Badezusatz hilfreich

Hexagramm

Sechsstern; zwei ineinander geschobene gleichseitige Dreiecke; das nach oben geöffnete Dreieck bildet den weiblichen, das nach unten zeigende Dreieck den männlichen Teil; Schutzsymbol für Heim und Familie

Hexe

Frau oder Mann, die sich mittels geistiger Fähigkeiten die Elemente nutzbar machen und im Rahmen einer ganzheitlichen Einstellung ihre Fähigkeiten in den Dienst des Lebendigen stellen; im Volksglauben eine mit Zauberkräften ausgestattete, meist weibliche, heil- oder unheilbringende Person, die im Rahmen der Christianisierung häufig mit Dämonen oder dem Teufel im Bunde geglaubt wurde; Archetypus bei C.G.Jung, hier die verschlingende, missgünstige Mutter

Hexencredo

alte Überlieferung eines Bekenntnisses zur weißen Magie; auch die Bezeichnung Wicca-Rede für diesen Text ist bekannt, jedoch sachlich falsch, da die Religion Wicca jünger ist als der Text selbst

Das Hexencredo

Auf das Hexenrecht wirst du bauen
in wahrhafter Liebe und rechtem Vertrauen.

Lebe und lass alle anderen leben,

sei mäßig beim Nehmen und mäßig beim Geben.

Zieh den Kreis auf dreimal aus,

und halte alles Böse raus.

Die Sprüche werden wirksam sein,

wenn sie geschmiedet sind im Reim.

Die Augen sanft, Berührung zart,

erst Hören, dann Reden sei Deine Art.

Wächst der Mond, geh sonnenwendig,

tanz und sing das Pentakel lebendig.

Doch heult ein Wolf beim blauen Eisenkraut,

geh der Sonne entgegen, denn der Mond wird abgebaut.

Wenn der Göttin Mond im neuen Stand,

küss' dann zweimal ihre Hand.

Achte den Vollmond und sei bereit,

für Sehnsucht im Herzen ist die richtige Zeit.

Lässt der mächtige Nordwind sich spüren,

streich die Segel und schließe die Türen.

Der Wind aus dem Süden, bringt Herzen zum Glühen,

Du kannst mit ihm in Liebe erblühen.

Neuigkeiten wird der Ostwind entschleiern,

erwarte und bereite Dich vor auf das Feiern.

Hat der Wind aus dem Westen zu befehlen,

unruhig sind dann die wandernden Seelen.

Neun Hölzer sind für den Kessel gut,

brenn sie schnell, mit sanfter Glut.

Der Baum der Göttin ist weise und alt,

schade ihm, und ihr Fluch ist Dein Gehalt.

Erreicht das Jahresrad Walpurgisnacht,

brenne ihr Feuer, in voller Pracht.

Ist das Rad bei Jul arriviert,

dann zünde die Fackeln, und Pan regiert.

Alle Pflanzen sollst Du pflegen,

denn dies trägt der Göttin Segen.

Die murmelnden Wasser sind Dein Gewissen,

wirf einen Stein und Du wirst es wissen.

In Deiner Not wirst Du Dich bewähren,

und nicht den Besitz Deiner Nächsten begehren.

Lass Dich nicht mit den Toten ein,

sie bringen Dich in falschen Schein.

Empfangen und Abschied mit Wärme gemacht,

Dein Herz wird zum glücklichen Glühen gebracht.

Das Dreifachgesetz sei Dein leitender Faden,

dreimal bringt's Glück und dreimal den Schaden.

Wenn Missgeschick regiert dunkle Tage,

auf Deiner Stirn einen Stern dann trage.

Die, die Dich lieben wirst Du nie betrügen,

sonst werden sie Dich ins Antlitz belügen.

Zum Schluss noch acht Worte und da gilt's,

schadet es keinem, dann tu' was Du willst!

✴ Exkurs zur Interpretation des Hexencredos

Auf das Hexenrecht wirst du bauen

in wahrhafter Liebe und rechtem Vertrauen.

Lebe und lass alle anderen leben,

sei mäßig beim Nehmen und mäßig beim Geben.

Das Hexenrecht ist die natürliche Ordnung, die in den universellen Gesetzen und in der Hermetik fest verankert sind. Daran hängt auch der zweite Satz des Credos. Maßvoll nehmen und geben bedeutet, dem Gesetz des Ausgleichs nachzukommen. In der Natur gibt es keinen Mangel und keine Überschüttung, jedes Zuviel und jedes Zuwenig ist schädlich. Gib keinem anderen so viel, dass er im Überfluss steht, denn dann wird er seine Entwicklung vergessen und sich auf dich verlassen - das schafft eine lebensfeindliche Abhängigkeit. Lass dasselbe auch für dich gelten, mach es dir nicht zu einfach. Ebenso dulde aber weder für ein anderes Lebewesen noch für dich selbst einen Mangel. Das rechte Maß beim Nehmen findest du nicht Bescheidenheit sondern in der Prämisse, stets so viel zu nehmen, dass du satt wirst.

Zieh den Kreis auf dreimal aus,
und halte alles Böse raus.
Die Sprüche werden wirksam sein,
wenn sie geschmiedet sind im Reim.

Zaubersprüche sollten grundsätzlich selbst geschrieben und gereimt sein, gib dir also ruhig ein bisschen Mühe, wenn du wirklich wirksam zaubern willst. Denke an die Hexenregel: „Achte stets die Kraft des Wortes." Gerade beim magischen Werk gilt diese Regel, wobei zu beachten ist, dass letztlich das ganze Leben einer Hexe ein einziges magisches Werk ist.

Den Kreis auf dreimal auszuziehen, das hat mit dem Dreifachgesetz zu tun und erinnert daran.

säen – wachsen – vergehen

Hexen zaubern nicht für die Ewigkeit und schon gar nicht statisch, sondern stets für den Augenblick und die Entwicklung. Um das Ausziehen des Kreises richtig zu vollbringen, werden wir uns an späterer Stelle dem Wächterruf widmen.

Wächst der Mond, geh sonnenwendig,
tanz und sing das Pentakel lebendig.
Doch heult ein Wolf beim blauen Eisenkraut,
geh der Sonne entgegen, denn der Mond wird abgebaut.

Hier geht es um die Mondphasen. Wende dich dem Mond zu, wenn seine Kraft zunimmt, lebe dann stärker deine Weiblichen Qualitäten von Erkenntnis und Bewahrung. Nimmt der Mond aber ab, wende dich den männlichen Anteilen in dir zu, der Entscheidung und dem Impuls.

Hier ist noch anzumerken, dass Entscheidung den Wortstamm „scheiden" trägt, es geht also auch darum, sich zu trennen und den Entschluss dazu zu fassen. Hier hilft der abnehmende Mond bekanntlich.

Wenn der Göttin Mond im neuen Stand,
küss' dann zweimal ihre Hand.

Achte den Vollmond und sei bereit,
für Sehnsucht im Herzen ist die richtige Zeit.

Neumond ist hier gemeint, die Verehrung der Göttin ist hier angeraten, bei Vollmond sind Wunschrituale jeder Art besonders ratsam, allen voran natürlich die Liebesrituale.

Lässt der mächtige Nordwind sich spüren.
Streich die Segel und schließe die Türen.
Der Wind aus dem Süden, bring Herzen zum Glühen,
Du kannst mit ihm in Liebe erblühen.
Neuigkeiten wird der Ostwind entschleiern,
erwarte und bereite Dich vor auf das Feiern.
Hat der Wind aus dem Westen zu befehlen,
unruhig sind dann die wandernden Seelen.

Hier geht es selbstverständlich um das Leben den Jahreszeiten gemäß. Hierzu muss wohl keine gesonderte Interpretation erfolgen.

Neun Hölzer sind für den Kessel gut.
Brenn sie schnell, mit sanfter Glut.

Numerologisch ist die Zahl 9 eine Verstärkung der 3, wird die 9 noch einmal mit 3 multipliziert ergibt sich die 27. Hier ging man früher davon aus, dass Sonne und Mond sich ihre Macht teilten. Hexenrituale werden wegen dieses Verses oft mit 9 Hexen gefeiert, wenn sie besonders wirkungsvoll sein sollen.

Die 13 ist erst aus späteren Überlieferungen bekannt. Der Kessel steht hier wahrscheinlich im übertragenen Sinn für das Werk, das Gebräu der Hexe.

Rituale werden recht schnell gefeiert, nicht meditativ sondern eher ekstatisch, daher auch oft die Kreistänze vorher, um in die entsprechende Ritualstimmung zu finden.

Die neun im Tarot ist der Eremit. Er symbolisiert den Menschen, der autonom (nicht einsam) lebt. Der Eremit hat sein eigenes Licht und seinen eigenen Stab, er ist damit unabhängig. Diese Unabhängigkeit hat die Hexe auch bei ihrer Arbeit, sie lässt sich nicht beeinflussen, während sie dem Gesetz der Göttin zur Erfüllung verhilft.

Der Baum der Göttin ist weise und alt,
schade ihm, und ihr Fluch ist Dein Gehalt.

In den meisten Überlieferungen ist der Holunder der Bäum der Göttin. Das rührt daher, dass er wohl der Holle geweiht war, der mythologischen Figur, die ihre höchste Ehre in den Rauhnächten erfuhr, zwischen den Jahren, in der Jahresnacht, den geweihten Nächten zwischen dem 24.12 und dem 6.1. (nach heutigem Kalender). Die Holle war die, die zwischen den lebensbejahenden, fleißigen und den lebensfeindlichen, faulen, unterschied (siehe Goldmarie und Pechmarie). Später entwickelte sich das Wort Hölle aus dem Namen der Holle. Der Holunder ist der Göttin geweiht, hier ist auch darauf angespielt, dass man sich dem Gesetz der Holle nicht entziehen kann.

Erreicht das Jahresrad Walpurgisnacht,
brenne ihr Feuer, in voller Pracht.

Jedem sind die Beltanefeuer bekannt, die die große Freude über die neue Fruchtbarkeit darstellen und die Menschen ermutigen, mit der Aussaat zu beginnen. In der heutigen Zeit ist das Osterfeuer noch von diesem alten Brauch übrig geblieben.

Ist das Rad bei Jul arriviert,

dann zünde die Fackeln, und Pan regiert.

Pan ist der bocksfüßige Gott des Waldes und der Natur. Er war verehrt und seine Gestalt stieß die Menschen ab. In einer der verschiedenen Überlieferungen war er ein Sohn des Hermes, den Saturn hatte er stets im Gefolge. Pan war neben dem Gehörnten (der Mann der weiblichen Hexe, der Platzhirsch) wegen seiner Wollust und Lebensfreude ein Vorbild für den später entstandenen Teufel, mit dem die christliche Kirche ihre Sexualfeindlichkeit begründete. Da zu Jul die männliche Kraft wieder erwacht, könnte es gut sein, dass dieser Vers eine Ermutigung zu intensivem Liebesleben ist.

Alle Pflanzen sollst Du pflegen,

denn dies trägt der Göttin Segen.

Pflanzen zu pflegen bedeutet auch, aktive Kräuterkunde zu betreiben, schließlich hat die Natur uns die Heilkräuter geschenkt, damit wir unsere Gesundheit erhalten können. Pflegen heißt unter anderem auch versorgen und bewahren, hier liegt also vielleicht auch Hinweis auf aktiven Naturschutz verborgen.

Die murmelnden Wasser sind Dein Gewissen,
wirf einen Stein und Du wirst es wissen.

Früher wurde der Blick in die erst viel später erfundene Kristallkugel durch einen Blick auf die Wasseroberfläche durchgeführt. Durch das Werfen eines Steins entstand das Bild, das die Hexe interpretieren konnte. Die Hexe durfte und darf Entscheidungen nicht allein aus der Ratio heraus treffen, denn diese mag klug sein, aber nicht unbedingt weise. Die Ratio verwendet alte Impulse und verknüpft diese neu, die Weissagung aber bringt neue Impulse in unseren Geist. Genau aus diesem Grund verstehen wir viele Weissagungen erst dann, wenn sie bereits eingetreten sind. Wir kannten die Erklärung einfach nicht vorher.

In Deiner Not wirst Du Dich bewähren,
und nicht den Besitz Deiner Nächsten begehren.

Die Hexe wird ihre Aufgaben selbst lösen und nicht gierig nach einer Lösung durch die Kraft anderer suchen. Die Hexe ist eigenverantwortlich.

Lass Dich nicht mit den Toten ein,
sie bringen Dich in falschen Schein.

In mancher neueren Übersetzung ist das Wort „Toten"
durch „Toren" ersetzt. Beides hat aber die gleiche
Bedeutung. Die Toren sind die, die sich nicht nach dem
Gesetz des Lebens verhalten, also dementsprechend dieses
brechen - und wer das tut, ist eben nicht lebendig und damit
tot. Schließlich gibt es für Hexen nur eine Dummheit - und
das ist die Lebensfeindlichkeit.

Empfangen und Abschied mit Wärme gemacht,
Dein Herz wird zum glücklichen Glühen gebracht.

Loslassen können und das neue mit offenen Armen
annehmen, das ist die Freude der Hexen. Jede Wehmut und
das Klammern an Alten sind gegen den Geist der Hexen,
schließlich lässt die Natur auch immer wieder los, damit
das Leben sich erneuern kann.

Das Dreifachgesetz sei Dein leitender Faden,
dreimal bringt's Glück und dreimal den Schaden.
Wenn Missgeschick regiert dunkle Tage,
auf Deiner Stirn einen Stern dann trage.

Wenn etwas schiefläuft, folge deiner Intuition und deiner Fähigkeit, dir die Kraft der Elemente (das Pentagramm ist der Stern) zunutze zu machen.

Die, die Dich lieben wirst Du nie betrügen,
sonst werden sie Dich ins Antlitz belügen.
Zum Schluss noch acht Worte und da gilt's,
Schadet es keinem, dann tu' was Du willst!

So, das war also das Hexencredo. Leider hat Gardner es 1954 als Wicca-Rede mit Beschlag belegt, das muss Hexen aber nicht stören. Das Hexencredo ist viel älter als Wicca und steht in keinem Zusammenhang mit Gardners moderner Religion.

Aus neuerer Zeit gibt es auch immer wieder schöne „Bekenntnisse" zur Göttin und zur weißen Magie. Sie begegnet uns überall, wenn wir nur Augen und Ohren offen halten. Und so mancher, der über die Hexen die Nase rümpft, prahlt mit seiner Mondsüchtigkeit oder wirft sich Salz über die Schulter, um Unglück fern zu halten. Aber sie wissen nicht, was sie tun und irgendein Feindbild brauchen manche Menschen. Es ist schon bezeichnend, wenn

Menschen erzählen, sie hielten nichts von weißer Magie und gleichzeitig „Weihnachten" feiern, schließlich hat das Fest nichts mit der Geburt Christi zu tun (der ist ja bekanntlich im Sommer zur Welt gekommen). Oder wenn Katholiken sagen, sie hielten nichts von Orakeln - man beachte die Wahl des Papstes und die dazugehörige Räucherzeremonie.

Hexenfeste
siehe Jahreskreis

Hexenhammer
der Hexenhammer ist ein Werk des Dominikaners Heinrich Kramer, etwa 1486 in Speyer veröffentlicht; diente zur Legitimation der Hexenverfolgung

Hexenjagd
siehe Hexenverfolgung

Hexenjahr
Gestaltung des Jahreslaufs nach den Vorgaben der Natur, insbesondere nach dem Mondstand; einzelne Fixpunkte im Hexenjahr sind die Hexenfeste

Hexenkleid

Kleidungsstück, das beim Ritual oder anderen magischen Handlungen getragen wird

Hexenkreis

Gemeinschaft von Hexen, die sich zu einer magischen Handlung zusammenfinden

Hexenkunst

Zusammenfassender Begriff aller magischen Praktiken

Hexenlehre

siehe Hexenkunst

Hexenprobe

zweifelhafte Proben, um die Unschuld einer Person zu beweisen, die unter der Anklage der Hexerei stand; die häufigsten Proben waren Wasserprobe, Feuerprobe, Nadelprobe; bei der Heißwasserprobe musste aus einem Kessel mit siedendem Wasser ein Ring geholt werden, wenn die Wunden schnell verheilten, was der Angeklagte unschuldig; in der Kaltwasserprobe wurde der Verdächtige in einem See oder Fluss versenkt, schwamm er oben, galt er als schuldig; bei der Feuerprobe musste der Angeklagte entweder glühende Gegenstände tragen oder über sie gehen, blieb er unverletzt, war er unschuldig; bei der Nadelprobe wurde nach einem Muttermal gesucht, war eines vorhanden, war die Schuld bewiesen

Hexenprozess

Anklage wegen Hexerei und nach erfolgter Hexenprobe meist Hinrichtung, selten Freispruch der verleumdeten Person; die bekanntesten Prozesse fanden 1692 in Salem statt

Das Verfahren bei Hexenprozessen der Frühen Neuzeit war nach folgendem Muster aufgebaut:

1. Anklage
2. Inhaftierung
3. Verhör
a. Gütliche Befragung durch den Richter, ein Geständnis wurde angeboten
b. Territion, Schreckung, Befragung unter Zeigen der Folterinstrumente
c. Peinliche Befragung unter Folter
4. Hexenprobe, obwohl diese eigentlich verboten waren
5. Geständnis, ohne das niemand hingerichtet werden durfte
6. Besagung, in der die Geständigen Mitschuldige benennen mussten

7. Verurteilung
8. Hinrichtung

Hexenregeln

sind wohl nicht aus alter Zeit überliefert, niemand weiß, woher sie kommen; dennoch werden die 13 Hexenregeln in der hier dargestellten Formulierung verwendet

Tu was du willst und schade keinem!

Sei immer ehrlich zu dir selbst!

Beherrsche die Regeln deiner Hexenkunst!

Lerne dein Leben lang, sei immer neugierig auf Neues!

Wende dein Wissen weise an!

Finde dein inneres Gleichgewicht und lebe danach!

Unterschätze nie die Kraft des Wortes!

Lerne, dich zu konzentrieren!

Lebe im Einklang mit der Natur!

Meditiere!

Achte auf deine Gesundheit!

Akzeptiere deine Umwelt!

Ehre die Kräfte der Natur!

Hexenring

Pilzkreis im Wald, meist Hinweis auf einen Kraftort

Hexensabbat

Fest der Hexen; > Jahreskreisfeste; nicht zu verwechseln mit > Esbat

Hexenschrift

es sind verschiedene Hexenschriften überliefert; nutze die folgende Schrift, wenn Du mit anderen Hexen kommunizieren willst, sie ist gut bekannt und wird gut verstanden.

A, B, C, D

E, F, G, H

I, K, L, M

N, O, P, Q

R, S, T, V, X

Y, Z, Satzende

W ist ein doppeltes V, J fehlt wie im Lateinischen auch und U entspricht V

Hexenstieg

Harzer-Hexenstieg; Wanderweg von Osterade durch den Harz über den Brocken nach Thale, ca. 100 km lang

Hexentanzplatz

Hexenprozesse von Salem

Hexenverfolgung

Zusammenfassung von Handlungen gegen Hexen, die ihren Ursprung im Mittelalter hatten; Hexenverfolgungen sind bis in die frühe Neuzeit und teilweise bis in die Gegenwart belegt; es gibt keine eindeutige Begründung, auch nicht, - wie fälschlicherweise gern angenommen - auf religiöser Ebene

hexenvonheute

Gemeinschaft freifliegender Hexen, gegründet von der Autorin Stefanie Glaschke, 2006, mit dem Ziel, weiße Magie in den gesamten Alltag des modernen Menschen zu integrieren

Hexer

männliche Bezeichnung für Hexe; oft auch Bezeichnung für boshafte Menschen in Thrillern und Horrorstorys

Hexerei

>Hexenwerk

Hierophant, *Der Hierophant*

Karte V im großen > Arkanum, steht für Religiosität, Güte, Gnade, Wissen

Hildegard von Bingen

geb. im Sommer 1098; † 17. September 1179 im Kloster Rupertsberg bei Bingen; Benediktinerin, ab 1136 als Magistra; ihre Werke befassen sich mit Religion, Medizin, Musik, Ethik und Kosmologie; sie unternahm im Rahmen ihrer Seelsorgearbeit weite Reisen und hatte auch mit hochgestellten Persönlichkeiten einen regen Briefwechsel mit teils strengen Belehrungen; ihr prophetisches Selbstverständnis wurde von ihrer Umwelt geteilt; in der römisch-katholischen Kirche wird sie als Heilige verehrt

Hirtentäschel (capsella bursa-pastoris)
heimisches Kreuzblütengewächs, das ganze Kraut wird als Tee verwendet, wirkt blutreinigend, äußerlich bei Nasenbluten hilfreich, innerlich mildert es starke Regelblutungen ab

Hochzeit
Fest und Zeitspanne zur Segnung einer Verbindung

zwischen Mann und Frau, fand normalerweise erst statt, wenn Nachwuchs erwartet wurde; die „Hohe Zeit“; bevorzugte Termine für eine solche Verbindung war früher der Johannistag (Litha) oder die beiden Tag- und Nachtgleichen

Hölle

Begriff für die Vorstellung von einem schrecklichen Strafort; geht zurück auf die Frau Holle, die Höllerin, die das Gute von dem Bösen trennt und zuständig ist für die gerechte Ernte eines Menschen (Strafe oder Belohnung)

HohepriesterIn

gewählte Priesterin bei den Hexen, der das Durchführen eines Rituals obliegt; bei freien Hexen eher selten

Hohepriesterin, *Die Hohepriesterin*

Karte II im großen > Arkanum, steht für Weiblichkeit, Einblick in kosmische Gesetze, Hexe, Mondgöttin

Holl, Maria

Geboren 1549 in Altenstadt bei Geislingen an der Steige; verstorben 1634; war eine der wenigen in den Hexenprozessen, die alle Folterungen überlebte und am

Ende freigesprochen wurde; der Grund für die Anklage der Gastwirtin war denkbar schäbig; erfolgreiche Geschäftsfrau; in Nördlingen wurde Maria Holl aus Neid wegen ihrer gut laufenden Wirtschaft als Hexe angeklagt; überstand als Erste der angeklagten Hexen die insgemat 50 Folterungen; wurde schließlich frei gesprochen, da auch viele Bürger für sie Partei ergriffen ; ihr Fall war einer der letzten Hexenprozesse in Nördlingen; Maria Holl starb 1634, alle ihre Peiniger waren bereits verstorben

Holle, *Frau Holle; Höllerin*
mythologische Gestalt, die Gut und Böse trennt und beidem die Ernte zukommen lässt; wahrscheinlich Vorläuferin der „Hölle"

Holunder
Der Holunder ist beliebt bei Schutzritualen für Mensch, Haus und Tier; außerdem wirken die Rinde und die Blätter auf den Verdauungsapparat; Nieren, Blase und Darm profitieren besonders; am Ende des Sommers genutzt, hilft er, Abwehrkräfte für den kommenden Winter zu sammeln; Holunderbeeren in einer Fruchtsuppe mit anderen Beeren und Grießklößchen sind besonders schmackhaft

Holunderflöte

Flöte aus dem Holunderzweig, nachdem das Mark
ausgelöst wurde

Hopfen (humulus lupulus)

hierzulande kultiviertes Hanfgewächs, Verwendung der
weiblichen Blüten und der Hopfendrüsen, als Tee geeignet
zur Linderung bei Angstzuständen, innerer Unruhe und
Schlafstörungen

Hornblende

Stein; Verkrampfungen und innere Zerrissenheit sollen
gelöst werden

Hyazinthe, *Hyazinthen* (Hyacinthus L.)

Pflanze aus der Familie der Spargelgewächse; ausdauernde
krautige Pflanze; die Zwiebeln sind gedrungen und von
fleischigen Schuppen umgeben; grüne, schmale
Laubblätter, die gleichzeitig mit den Blüten erscheinen;
vergleichsweise kurz gestielten Blüten, die süß duften;
Blütezeit von März bis April

I

In der Runenschrift entspricht dem I die Rune Is

Das I in der Hexenschrift schreibt man so: ℧

Imbolc

Reinigungsfest am 2. Februar; steht im Zusammenhang mit der heiligen > Brigid

Ingwaz

22. Rune des "Älteren Futhark"; Fruchtbarkeit, Held, Wachstum und Reife, Schwangerschaft

Ingwer (zingiberis rhizoma)

1. In tropischen Gebieten, in Asien und China angebautes Ingwergewächs; genutzt wird der Wurzelstock; Tinkturen dienen der Appetitanregung und der Verdauung

2. Als Räuchermittel wird es zur Vorbeugung von Krankheiten genutzt; soll seelische Blockaden lösen und den Energiefluss anregen

Initiation

Einweihung in die nächste Bewusstseins- und Lebensphase; meist in Verbindung mit festen Initiationsriten

Inkarnation

der Prozess, während dessen eine Seele in einen materiellen Körper einfährt

inneres Kind

gehört zu den > Archetypen; erhält die Selbstversorgung und die Eigenliebe; nicht unbedingt im Zusammenhang mit der eigenen Kindheit sondern eher mit der Lebenskraft von der Entstehung bis zur Geburt eines Menschen

Inspiration

Begeisterung; Augenblick, in dem der Geist in einen Menschen fährt und in seinen Handlungen wirkt

Intuition

innere Stimme, die mehr gefühlt als gehört wird und Lebenswahrheiten darstellt; wissenschaftlich in etwa die Summe aller eigenen und aller kollektiven Erfahrungen, über die ein Individuum verfügen kann

Invokation

Technik der Magie, bei der ein Geistwesen herbeigerufen wird

Iris, *Iriswurzel, Schwertlilie* (iris florentina)

1. Schwertliliengewächs; heimisch in Südeuropa, Kulturen auch in Afrika und Russland; die Wurzel wird in Hustentees verwendet; homöopathisch genutzt bei Magenbeschwerden und Migräne

2. dieses Räuchermittel löst seelische Blockaden, sein Duft soll eine magische Anziehung des anderen Geschlechts bewirken

Isa

Elfte Rune des "Älteren Futhark"; Eis, Entwicklung von Willenskraft und Konzentration, Stille, Stillstand

Isis

höchste Göttin bei den Ägyptern; Mutter des Horus und somit aller nachfolgenden Könige Ägyptens; Isis und Osiris waren die ersten Herrscher des goldenen Zeitalters; wird oft als Vogel dargestellt, der seine Flügel schützend über Osiris ausbreitet

J

In der Runenschrift entspricht dem J das Jera

In der Hexenschrift gibt es kein J, es wird das I verwendet

Jahresfeste

8 Feste, die von weißen Hexen zu Ehren der Natur und des Jahreskreises gefeiert werden; in der Regel werden zu Jahresfesten Rituale gefeiert, die auf die kommende Zeitqualität einstimmen sollen

Samhain - 31. Oktober

Jul - 21. Dezember

Imbolc - 2. Februar

Ostara - 21. März

Beltane - 30. April

Litha - 21. Juni

Lughnasad/ Lammas - 31. Juli

Mabon - 23. September

Noch genauer ist die Datierung der Feste anhand der Monde:

Samhain	Mondfest am 11. Neumond nach Jul
Jul/ Yule	Sonnenfest am 21. Dezember
Imbolc	Mondfest am 2. Vollmond nach Jul
Ostara	Sonnenfest am 21. März
Beltane	Mondfest am 5. Vollmond nach Jul
Litha	Sonnenfest am 21. Juni
Lughnasad	Mondfest am 8. Vollmond nach Jul
Mabon	Sonnenfest am 21. September

✳ Exkurs: Hexenfeste

Die Feiertage der Hexen und Heiden - die 8 Jahreskreisfeste - stehen in enger Beziehung zu jahreszeitlichen und kosmischen Rhythmen und sind Feste zu Ehren der Mutter Erde und der Götter.

Die Schwankungen, denen die Natur unterworfen ist, bestimmen auch die Stärke der männlichen und weiblichen Energie im einzelnen Menschen.

Je stärker die männliche (Sonne) Energie, umso stärker ist die Impulskraft im Menschen, neue Vorhaben gelingen besser, Aufbauen und Anstoßen sind hier begünstigt. In den

Zeiten der starken weiblichen (Mond) Energie stehen Bewahren, Pflegen, Aufnehmen im Vordergrund.

Im Jahreskreis ist die helle Jahreszeit durch männliche Energien und die dunkle Jahreszeit durch weibliche Energien bestimmt. Das bedeutet, dass die jeweilige Qualität in jedem einzelnen Menschen im Vordergrund wirkt oder wirken sollte. So können Männer und Frauen gemeinsam im Sommer besser Impulse setzen als im Winter. Beide können im Winter mehr nach innen schauen, die Erfolge des Sommers genießen und bewahren, was sie sich erarbeitet haben. Die Natur macht es vor und wenn wir hinschauen, erkennen wir es deutlich. In den hellen Monaten wird die Aussaat erledigt, neue Projekte stehen unter guten Vorzeichen, wenn es warm und trocken ist. Im Winter, wenn die Ernte eingebracht wurde, beginnen das Ruhen und der Genuss der Erträge. Wichtig ist, dass wir lernen, zu erkennen, was männliche und was genau weibliche Energien genau sind.

Die gesellschaftlichen Klischees führen uns oft in die Irre. Viele typische „Frauenarbeiten" brauchen männliche Energien. Frage dich regelmäßig, ob du neue Impulse setzt oder ob du etwas Altes, Wertvolles bewahrst, wenn du etwas tust. Es ist nicht weiblich, einen Garten neu anzulegen, allerdings schon, einen bestehenden Garten zu pflegen. Viele Hausfrauen erledigen den ganzen Tag über männliche Energiearbeiten ohne es zu merken. Nehmen wir typische Angewohnheit der vorherigen Männergeneration. Der Werterhalt des Lieblingsspielzeugs Auto war nicht männlich energetisch motiviert sondern typisch weiblich. Bei dieser Tätigkeit ging es nämlich um das Erhalten und Bewahren, nicht um Impulskraft. Grundsätzlich sollten beide Geschlechter beide Energien pflegen und ausleben, je ausgewogener das Verhältnis ist, umso besser ist es für das innere Gleichgewicht. Wichtig und von ganz elementarer Bedeutung ist, dass wir wahrnehmen, welche Energie wir gerade ausleben.

Die Hexenfeste in der Übersicht

Imbolc

Das Fest des Lichts und das erste Fest der Reinigung wird am 2. Februar gefeiert. Wir Hexen feiern die Erholung der Göttin von der Geburt des Gottes, die zu Yule stattgefunden hat. Man feiert, dass die Tage wieder länger werden. Zu Imbolc werden überall im Haus Kerzen entzündet und wir lassen sie brennen, um das neue Licht zu verstärken. Bei Ritualen können Kerzenkreise gebildet werden, speziell aus weißen und orangefarbenen Kerzen. Geräuchert wird mit Weihrauch, Zimt, Myrre und Rosmarin. Noch passender ist eine Räucherung aus Salbei, Basilikum und Rosmarin, denn diese dient speziell der Reinigung. Hexen räuchern auch im eigenen Haus zu Imbolc den Wintermief hinaus.

Ostara

Ostara wird am 21. März gefeiert. Es handelt sich um das erste Fest der Fruchtbarkeit, deshalb ist es ein ausgelassenes Fest mit Musik und Tanz. Die Erde beginnt zu erwachen. Blumenschmuck spielt eine große Rolle. Geräuchert wird mit Weihrauch und Myrre. Fruchtbarkeitszeichen wie rote Eier und Hasen werden zum Schmuck des Hauses genutzt.

Beltane

Beltane wird in der Nacht vom 30. April auf den 1. Mai gefeiert. Beltane ist das zweite und wichtigere Fruchtbarkeitsfest. Alles ist fruchtbar, die Erde ist aufgelebt. Der Sonnengott ist zu einem Mann herangereift und will sich fortpflanzen. Männer und Frauen verlieben sich und zeugen ein Kind.

Das Fest wird sehr ausgelassen gefeiert. Der Altar wird mir bunten Blüten, Frühlingsblumen und Bändern geschmückt. Bei der Beltanefeier tanzen und singen Männer und Frauen um ein Feuer herum.

Litha

Die Sommersonnwende am 21. Juni stellt den Höhepunkt des Jahres dar. Wünsche, die an Litha vorgebracht werden, gehen meist in Erfüllung, denn die Üppigkeit der Natur kennt keine Begrenzungen. Männliche und weibliche Energien sind heute gleichermaßen stark, ein guter Tag zum heiraten, vor allem, wenn Beltane erfolgreich war. Die Farben dieses Festes sind Gelb und Orange. Viele Hexen schmücken ihre Häuser mit Spiegeln, um das Sonnenlicht einzufangen.

Lughnasad

Am 2. August feiern die Hexen Lughnasad. Allmählich wird geerntet, es ist das erste Erntefest. Die männlichen Energien verlieren langsam an Kraft, es sollte kein neues

Projekt mehr gestartet werden. Dieses Fest steht im Zeichen von Korn (Brot) und Wein.

Mabon

Mabon wird am 23. September gefeiert, es ist die Herbsttagundnachtgleiche (Herbstäquinoktium) und das zweite Erntefest. Der Gott bereitet sich darauf vor, zu sterben, die weiblichen Energien gewinnen an Stärke. Der Herbst ist deutlich spürbar. Die Bäume beginnen ihre Blätter zu verlieren, dieses Fest erinnert uns an die Vergänglichkeit. Nun beginnen wir, uns in Geduld zu üben und darauf zu vertrauen, dass ein neuer Frühling sicher kommen wird.

Samhain

Am 31. Oktober feiern wir Samhain, den letzten Tag unseres Hexenjahres. Der Abschied von unserem Gott, jedoch mit dem Wissen, dass es nur eine kurze Trennung ist, da er zur Wintersonnwende von der Göttin wiedergeboren wird. Man nutzt diesen Tag um nachzudenken, um der Toten zu gedenken und ihre Erinnerung aufleben zu lassen. Mit Muskat zu räuchern und eine Meditation zu machen, in der wir auch unserer verstorbenen Vorfahren gedenken, ist ein wichtiges Thema zu Samhain.

Yule oder Jul

Die Wintersonnenwende am 21. Dezember steht für die Wiedergeburt des Gottes durch die Göttin. Die Männlichkeit meldet sich zurück, von nun an nimmt die weibliche Energie kontinuierlich ab. Wir feiern, dass die Tage wieder länger werden und die dunkle Zeit sich dem Ende entgegen neigt.

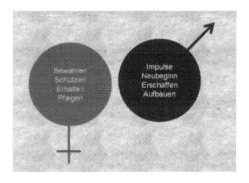

Die Hexenfeste geben uns immer wieder Hinweise auf die betreffende Zeitqualität. Im Jahreskreis teilen Männlichkeit und Weiblichkeit sich die Zeit zu gleichen Teilen auf.

Jahreskreis

Bezeichnung für das das Wechseln der Zeitqualitäten in der der Natur

Jasmin, *Jasminblüten* (jasminum sambac)

eine Räucherung mit diesen Pflanzenteilen schafft eine sinnliche und erotische Atmosphäre, soll spirituelle Liebe anziehen, Stress und Missmut klingen ab, eine optimistische Einstellung zu den Sorgen des Alltags wird geschaffen

Jaspis

Mineral; in den diversesten Variationen erhältlich, manchmal schwer zuzuordnen; zur Aktivierung von Schwung und Tatkraft soll mit rotem Jaspis und Landschaftsjaspis energetisiertes Wasser geeignet sein

Jenseits

Begriff zur Bezeichnung des „anderen Bereichs", der sich nach religiösen, mythischen und esoterischen Vorstellungen jenseits der normalerweise wahrnehmbaren Welt befindet; Gegensatz zu > Diesseits, siehe auch > Anderswelt

Jera

zwölfte Rune des "Älteren Futhark": Jahr, Kreislauf

Johannestag, *Johannistag, Johannis*

21. Juni, Tag des Täufers Johannes, der Tag, an dem das
  > Johanniskraut geerntet wird; bei den weißen Hexen
zeitgleich mit dem > Jahreskreisfest >Litha

Johanniskraut

Pflanze mit gelben, sternförmigen Blüten, die zu >
Johannis geerntet wird; wurde früher geschätzt gegen
Wunden und rissige Haut; in der Säuglingspflege als
Heilmittel für Verletzungen an den Brustwarzen von
stillenden Müttern eingesetzt

Jung, Carl Gustav

C. G. Jung, einer der Väter der Psychoanalyse; in
humanistisch, protestantischer Tradition aufgewachsener
Schweizer; Jung deutet das Individuum in Zusammenhang
mit dem kollektiven Unbewussten, d.h. Mythen sowie
Traum und Religion

Jonas, Hester

die so genannte Hexe von Neuss; 1570 geboren und am

24. Dezember 1635 in Neuss von einem Scharfrichter enthauptet; sie war als Hebamme tätig und in der Kräuterheilkunde bewandert; wegen ihres Rufes, eine Hexe zu sein, wurde sie im November 1635 wegen Zauberei verhaftet, verhört und gefoltert; zunächst bestritt sie die Vorwürfe, legte aber nach zwei Tagen auf dem Hexenstuhl ein Geständnis ab und Menschen wie Tieren durch Zauber geschadet zu haben, woraufhin sie zum Tode verurteilt wurde

Jul, *Yule*

Hexenfest am 21.12.; das Licht erscheint wieder, die Nächte werden kürzer; Julfeuer, Lichter, Begrüßung der neu geborenen Sonne

Jungfrau

nach Auffassung der weißen Magie eine Frau vor der Geburt ihres ersten Kindes, sexuelle Kontakte und Erfahrungen spielen dabei keine Rolle; erste Stufe der Dreiheit in der Weiblichkeit Jungfrau - > Mutter - > Weise; auch junge Frau

Jupiter

1. Planet,

2. Höchster römischer Gott, bestimmt Erfolg und Macht, Ruhm und Ehre; die griechische Entsprechung ist Zeus, die keltische Donar/ Thyr; zugeordneter Tag ist Donnerstag, Farbe dunkelblau, Räucherung Lorbeer

K

In der Runenschrift entspricht das K dem Kenaz

In der Hexenschrift schreibt sich das K so: ᛘ

Kalmus, *Kalmuswurzel* (calami rhizoma)

1. Bei uns seit Jahrhunderten eingebürgertes Aronstabgewächs

2. Räucherungen mit dieser Pflanze sollen die geistige Wahrnehmung stärken; günstig für Meditationen; der Rauch soll eine gesundheitsfördernde Wirkung haben, findet auch in Heilungsräucherungen Verwendung

Kamille, *Kamillenblüten* (tripleurosperum indor.)
Räucherungen mit diesen Blüten schaffen einen Zustand von Harmonie und Ausgeglichenheit, man findet zur Ruhe für Meditationen; besänftigt streitsüchtige Menschen; Erfolg und Glück in allen Belangen werden unterstützt

Kardamom (fructus cardamomum)
als Räuchermittel wirkt es wohltuend auf die Seele, stärkt

die Nerven und die Körperenergien, wirkt erwärmend und erotisierend

Kelch

Symbol für die Erde, Mutter Erde, Erdgöttin auf dem Altar der Hexe; auch Symbol für den Gral

Kelten

Gruppe von Völkern oder Stämmen, die in Mitteleuropa heimisch waren; sie hatten keine Schrift und daher keine eigenen Aufzeichnungen hinterlassen; Kenntnisse beruhen auf der Geschichtsschreibung ihrer Nachbarn sowie auf archäologischen Funden; als älteste, den Kelten zugeordnete Kultur gilt die Hallstatt-Kultur aus der späten Bronze- und frühen Eisenzeit (1200 - 500 v. Chr.), gefolgt von der Laténe-Kultur der Eisenzeit (475 - 40 v. Chr.); endete mit der Eroberung fast aller keltischen Völker durch das römische Reich

Keltisches Kreuz

Legesystem für Tarotkarten die in Form dieses Symbols gelegt werden

Kenaz

Sechste Rune des "Älteren Futhark"; Bedeutung: Fackel, Erkenntnis, Willenskraft, Leidenschaft.

Kerze

lichtspendendes Element auf dem Altar, bei magischen Handlungen und im Alltag der Hexe; steht für das Element Feuer und die Helligkeit, die sich durch Wahrhaftigkeit ergibt

Kerzenmagie

magische Handlung, bei denen Kerzen die wichtigste Rolle spielen; das Licht der Kerze wird als positive Energie genutzt

✳ **Exkurs: Kerzenmagie**

In der Kerzenmagie arbeiten wir bevorzugt mit Ritualkerzen. Ritualkerzen sind die Kerzen, die wir Hexen immer zusätzlich zur Schutzkerze nutzen. Eine Schutzkerze ist durch nichts zu ersetzen. Ritualkerzen sind durchgefärbt und idealerweise etwa 18 bis 22 cm lang. Die Farbe der Ritualkerze(n) richtet sich nach dem Wunsch oder Anliegen, mit dem wir uns an Universum wenden. Wir sollten immer einige Ritualkerzen bereit halten. Der Begriff

„Ritualkerze" ist übrigens irreführend. Sie werden nicht nur für richtige Rituale genutzt sondern auch für die Wunschmagie und andere magische Handlungen.

Wenn uns keine durchgefärbte Ritualkerze zur Hand ist, nutzen wir notfalls andere Kerzen, auch Teelichte etc. sind selbstverständlich erlaubt. Wir halten die Waage zwischen der ersten und der dritten Hexenregel, wir finden sicher einen Mittelweg. Im äußersten Notfall ersetzt eine weiße Kerze die Ritualkerze.

Wir können Ritualkerzen nicht einfach auspusten, wenn wir keine Zeit oder Lust mehr haben. Grundsätzlich wird eine Ritualkerze entweder solange am Brennen gelassen, bis sie herunter gebrannt ist (etwa 6 – 7 Stunden) oder wir verabreden uns schon vor der Handlung mit uns selbst, die magische Handlung etwa einen Mondzyklus lang oder eine Woche lang oder eine bestimmte Anzahl von Wochentagen (13 Donnerstage, 7 Freitage etc.) zu entfachen. Diese Verabredung müssen wir auf jeden Fall einhalten, wenn wir mit der Handlung erfolgreich sein wollen. Wir wissen, wie das Reinigen und Ölen der Kerze geschieht und halten uns an diese Grundsätze, denn sie helfen uns dabei, unsere Kunst sorgfältig zu betreiben. Es ist schön, die Farben der

Ritualkerzen auswendig zu kennen, wir können uns dann immer ganz individuell unsere Kerzen zusammenstellen. Empfohlen wird, nicht mehr als drei Ritualkerzen zeitgleich zu verwenden. Wir stellen uns vor, uns einen Partner zu wünschen. Dann wählen wir wahrscheinlich rosa. Er soll auch noch eine neue erotische Komponente in unser Leben bringen, also wählen wir zudem eine orangefarbene Kerze. Um eine wirklich reale, geerdete Beziehung zu finden, suchen wir noch eine rote Kerze aus. Und wenn wir jetzt meinen, er soll zudem hochspirituell und steinreich sein, also noch eine lila und eine grüne Kerze dazu, halten wir das doch für einen nicht richtig durchdachten Wunsch. Was würde das Universum dazu sagen?

Ritualkerzen sind immer durchgefärbt, denn Hexen legen viel Wert auf Inhalte und halten nichts von Oberflächlichkeit.

Kessel

steht für das Element Erde und dient dazu, magische Rezepturen herzustellen

Kleines Arkanum

56 Karten im Tarotdeck, aufgeteilt in jeweils 14 Karten pro Element, hierbei werden meist die Symbole Stäbe (Feuer), Kelche (Wasser), Münzen (Erde) und Schwerter (Luft) genutzt > Tarot

Knotenzauber

Bindezauber, der auf die Tradition der Circe zurückgehen soll; Gutes wird eingeknotet, um es im eigenen Leben zu halten; wird gern als Gesundheitszauber genutzt

Kobold

Haus- oder Naturgeist; Beschreibungen und Vorstellungen von Kobolden reichen von guten und fleißigen, kleinen, grünen Männchen bis hin zu boshaften Wesen

Koriander (Coriandrum Sativum)
Räucherungen mit diesem Kraut klären die Gedanken zur Lösung von Problemen; wirken auch anregend und wärmend und geben dem Körper neue Energie

Kraftort
Ort, an dem besonders intensive Energien zusammenspielen; an Kraftorten gelingen magische

Handlungen besonders gut; durch Reinigung und Weihe kann jede Hexe Kraftorte selbst initiieren

Krafttier

wird meist in meditativen Reisen gesucht und gefunden, bleibt für eine Weile imaginärer Begleiter des Menschen; verleiht dem Menschen genau die Qualität, die das Krafttier vertritt, bis der Betreffende die Qualität selbst integriert hat; Krafttiere wechseln so lange, bis der Mensch vollständig entwickelt ist; das Krafttier soll dabei helfen, die angezeigte Eigenschaft in das eigene Leben zu integrieren

Krafttiere A-Z mit einem kurzen Hinweis auf ihre Qualitäten

Aal

massiven Neid

Adler

spirituelles Selbstbewusstsein

Alpenschneehase

 Angsttransformation

Ameise > *Rasenameise, rote Waldameise*

allgemein für Ganzheitlichkeit, Fleiß, mit sich selbst im Einklang sein

Amsel

Energieantenne

Bär

Schutz, Kraft, Autonomie

Biber

Umbau, Fleiß

Biene, *Honigbiene*

Fleiß, Ordnung

Bläuling

Transformation in Blau, Leichtigkeit

Bockkäfer

Empfindsamkeit

Buchfink

Ordnung

Buntspecht

Heimführung auf körperlicher Ebene

Bussard

Überblick

Dachs

Verbergen hinter Griesgrämigkeit

Dompfaff

Eitelkeit

Ei

Wachstumsschutz, Wachstum, Neubeginn

Eichelhäher

Wachen und Warnen

Eichhörnchen

Streit

Eidechse

Überidentifikation aber auch Transformation, Eintritt in eine neue Lebensphase

Eisvogel

Überraschung, Familiensinn

Elster

Unglauben

Esel

Treue, Starrsinn

Eule > Schleiereule, Steinkauz, Uhu, Waldkauz

steht allgemein für die Seherin, Weisheit

Falke

Ergreifen von Gelegenheiten

Feder

Energieantenne, Luftelement, Leichtigkeit aber auch

Haltlosigkeit und fehlende Erdung

Feldhamster

Sammeln, Umsicht

Fisch > Aal, Forelle, Hecht, Karpfen, Lachs

steht allgemein für tiefes Unterbewusstsein

Fischotter

spielerische Leichtigkeit

Fledermaus

Orientierung zwischen Licht und Schatten, Verbindung zur

>Anderswelt

Fliege, *Stubenfliege*

Ansporn und Aufmunterung

Forelle

Sehnsucht nach tiefer Geborgenheit

Frosch

spirituelle Wandlung aber auch Reichtum und Wohlstand

auf materieller Ebene

Fuchs, *Rotfuchs*

Täuschung, Klugheit

Gans, *Graugans*

Treue

Geier

drohende Gefahr

Graureiher, *Fischreiher*

Geduld

Greifvogel > *Adler, Bussard, Falke, Habicht*

steht allgemein für Kraft auf geistiger Ebene

Grünspecht

Heimführung auf spiritueller Ebene

Habicht

Obacht geben und Schutz

Hase, *Feldhase*

Fruchtbarkeit, Alarmbereitschaft, Nestpflege, Brutpflege

Hecht

Macht

Hermelin, *großes Mauswiesel*

einen besonderen Ort der Geborgenheit finden

Heuschrecke

große Sprünge wagen

Hirsch, *Rothirsch*

Vertrauen in höhere geistige Führung, Macht und Schutz

Hirschkäfer

Durchsetzungskraft

Huhn

Fruchtbarkeit, Demut, Bescheidenheit

Hund

Instinkt, guter Bezug zur eigenen Intuition, Beziehung

Igel

verborgene Intelligenz, Wehrhaftigkeit

Käfer *> Bockkäfer, Leuchtkäfer (Glühwürmchen),*

Hirschkäfer

Erdung, Transformation

Maikäfer

steht allgemein für Angemessenheit

Kaninchen, *Wildkaninchen*

siehe Hase

Karpfen

tiefe Reinigung

Katze

Autonomie und Geschicklichkeit

Kohlweißling

Transformation in Weiß, Erkenntnis

Kormoran

Einflussnahme auf andere Menschen

Krähe, *Dohle*

Seelenbotschaft, Botschaft aus der > Anderswelt

Kranich

spiritueller Hochmut

Kreuzotter

Beschützerin des Heiligen

Kröte

irdische Wandlung, materieller Wohlstand

Kuckuck

Beharrlichkeit

Lachs

Vertiefung der Intuition

Lamm

Demut und Liebreiz

Laus

Kummer und Sorgen

Lerche

Beten

Leuchtkäfer, *Glühwürmchen*

sanftes Beleuchten

Libelle

Beweglichkeit und Rundumsicht

Maikäfer

Glück

Marder, *Baum- und Steinmarder*

Heimlichkeit

Maulwurf

Erdverbindung

Maus

innere Bescheidenheit aber auch Kummer

Meise

Unverdrossenheit

Murmeltier

Familiensinn

Nachtfalter

energetische Beeinträchtigung, Energieverlust

Pfau

Eitelkeit und auch Schutz vor Neid

Rabe *> Eichelhäher, Elster, Krähe (Dohle), Rabe (Kolkrabe)* steht allgemein für Wahrheit, Botschaften aus der

> Anderswelt

Rabe, *Kolkrabe*

Aussprechen der Wahrheit,

Rasenameise

dringende Ganzheitlichkeit

Ratte

sich verbünden, Überlebenskraft und -wille

Reh

Abstand wahren, Vorsicht, Wachsamkeit

Ringelnatter

Beschützerin des Kindes

Rote Waldameise

ruhiges Zusammenführen

Rotkehlchen

Loslassen und Abschied

Salamander

wie Eidechse

Schaf

Nützlichkeit, Teamfähigkeit, Bescheidenheit und Demut

Schlange > *Kreuzotter, Ringelnatter*

steht allgemein für Schutz und für Weisheit sowie für die Transformation auf eine neue Bewusstseinsebene

Schleiereule

spirituelle Weisheit

Schmetterling > *Bläuling, Kohlweißling, Nachtfalter, Tagpfauenauge, Zitronenfalter*

allgemeine psychische Transformation, Leichtigkeit und Lebendigkeit

Schnecke

steht allgemein für Bedächtigkeit und Faulheit aber auch Bescheidenheit

Schwalbe

Wiederkehr des Augenblicks, Glück in der Einfachheit

Schwan

lichtvolle Klarheit

Schwarzspecht

Heimführung auf psychischer Ebene

Schwein

Feinsinnigkeit, Sauberkeit und Ordnung

Spatz, *Sperling*

Geschwätzigkeit

Specht > *Buntspecht, Grünspecht, Schwarzspecht*

steht allgemein für Heimführung

Spinne

steht allgemein für spirituelle Verbindung, Geduld und Ruhe

Steinbock

einsame Wegstrecke, Familiensinn

Steinkauz

Spiritualität im Alltag

Stier

Erdverbundenheit und Genuss

Stockente

soziale Vielfalt

Storch

Zuwachs, Treue, Ordnung

Tagpfauenauge

Seelenspiegel

Uhu

die Seherin auf höherer Ebene

Vogel > *Ei, Feder, Amsel, Buchfink, Dompfaff, Eisvogel*

steht allgemein für den Mittler zur geistigen Welt

Waldkauz

Spiritualität im Alltag

Wespe

Hektik und Stress

Wildkatze

Bewahren der Eigenständigkeit

Wolf

familiären Begleiter

Wurm

Erdung, Entwicklungsschwierigkeiten

Zaunkönig

innere Größe

Ziege

Beharrlichkeit und Ausdauer

Zitronenfalter

Transformation in Gelb

Kraut, *Kräuter*

Pflanze mit Wurzeln, Stiel und Blattwerk, meist blühend;

Kraut wird in der weißen Magie als Räuchermittel, Aufguss

und Gewürz genutzt

Bestimmungstafel für eine Auswahl

der Kräuter und Heilpflanzen in diesem Lexikon

Alant

Arnika

Bärlauch

Beinwell

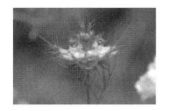

Bohnenkraut

Brennessel

Eibisch

Eisenkraut

Fenchel

Frauenmantel

Hagebutte

Hirtentäschel

Holunder

Hopfen

Hyazinthe

Ingwer

Iris

Jasmin

Johanniskraut

Kamille

Lavendel

Lorbeer

Löwenzahn

Majoran

Malve

Melisse, Zitronenmelisse

Mistelzweige

Myrthe

Orange

Passionsblume

Petersilie

Pfefferminze

Ringelblume

Rose

Rosmarin

Salbei

Schafgarbe

Scharbockskraut

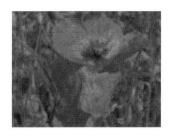

Schlafmohn

Schöllkraut

Sonnenhut

Sternanis

Taubnessel

Thymian

Wacholder   Wegwarte

Ysop   Zimt

Konjunktion

Bei einer Konjunktion liegen zwei Planeten aus Erdsicht fast übereinander. Hierdurch entsteht eine starke Konzentration der wirksamen Kräfte. Konjunktionen sind bei der Horoskopdeutung stets zu beachten. In welcher

Weise sie wirken, ist davon abhängig ob und wie die Planeten zusammen passen.

Kräuter, Räucherpflanzen, Heilpflanzen

Kräuter sind krautige Pflanzen, deren oberirdische Teile nicht verholzen, meist ein- oder zweijährig, Heilpflanzen und Küchenkräuter sind als Medizin oder zum Verzehr geeignet, Wildkräuter sind nicht kultivierte krautige Pflanzen

Die folgenden Kräuter und Räucherpflanzen sind in diesem Lexikon zu finden:

achillea millefolium > Schafgarbe

aconitum napellus > Eisenhut

Alantwurzel (helenii rhizoma)

alchemilla vulgaris > Frauenmantel

allium ursinum > Bärlauch

Alraune

althaea officinalis > Eibisch

Andornkraut (marrubium vulgare)

angelica archangelica > Angelikawurzel

Angelikawurzel (angelica archangelica)

Anis (pimpinella anisum)

arnica montana > Arnika

Arnika (arnica montana)

artemisia absinthium > Wermut

Artemisia dracunculus > Estragon

artemisia vulgaris > Beifuß

Baldrian, Baldrianwurzel (valeriana officinalis)

Bärlauch (allium ursinum)

Basilikum (ocimum basilicum)

Beifuß (artemisia vulgaris)

Beinwell (symphytum officinale)

bellis perennis > Gänseblümchen

betonica officinalis > Betonie

Betonie (betonica officinalis)

betula pendula > Birke

Bilsenkraut

Bingelkraut

Birke (betula pendula)

Bockshornklee (trigonella foenum-graecum)

Bohnenkraut (satureja hortensis)

Brennnessel, Brennnesselsamen (urtica dioica)

Brunnenkresse (nasturtium officinale)

calami rhizoma > Kalmus

calluna vulgaris > Heidekraut

capsella bursa-pastoris > Hirtentäschel

caryo phylliflos > Gewürznelke

Catuaba (erythroxylon catuaba)

cedrus atlantica > Zeder

cinnamomum cassiae > Zimt

citrus aurantium > Orange

coriandrum sativum > Koriander

cortex quebracho > Quebracho

coumarouna odorata > Tonkabohne

cymbopogon citratus > Lemongras

Damiana (damiane)

damiane > Damiana

Dill

Dost

Druidenkraut > Eisenkraut

Eibisch (althaea officinalis)

Eiche, Eichenrinde (quercus robur)

Eisenhut (aconitum napellus)

giftigste Pflanze in Mitteleuropa

Eisenkraut

Eisenkraut (verbena officinalis)

Elfenkraut > Erdrauchkraut

Engelwurz > Angelikawurzel

Erdrauchkraut, Erdrauch (fumaria officinalis)

erythroxylon catuaba > Catuaba

Esche (fraxinus excelsior)

Estragon (artemisia dracunculus)

eucalyptus globulus labill. > Eukalyptus

Eukalyptus (eucalyptus globulus labill.)

Fenchel (foeniculum vulgare)

Fichte, Fichtennadeln (picea abies)

filipendula ulmaria > Mädesüßkraut

flores rosae centifoliae > Rose

foeniculum vulgare > Fenchel

folia myrti > Myrte

Frauenmantel (alchemilla vulgaris)

fraxinus excelsior > Esche

fructus anisi stellati > Sternanis

fructus cardamomum > Kardamom

fumaria officinalis > Erdrauchkraut

Gänseblümchen (bellis perennis)

Gewürze

Gewürznelke (caryo phylliflos)

ginkgo folium > Ginkgo

Ginkgo, Ginkgoblätter (ginkgo folium)

ginseng radix > Ginseng

Ginseng, Ginsengwurzel (ginseng radix)

guaiacum officinale > Guajakholz

Guajakholz (guaiacum officinale)

Gundelrebe

Hagebutte (rosa canina)

Hauswurz

Heidekraut (calluna vulgaris)

helenii rhizoma > Alantwurzel

Heublumen, Wiesengräser (poaceae)

hibiscus abelmoschus > Moschus

Hirtentäschel (capsella bursa-pastoris)

Holunder

Hopfen (humulus lupulus)

humulus lupulus > Hopfen

Hyazinthe

hypericum perforatum > Johanniskraut

hyssopus officinalis > Ysop

Ingwer (zingiberis rhizoma)

iris florentina > Iris

Iris, Iriswurzel, Schwertlilie (iris florentina)

Isenkraut > Eisenkraut

Jasmin, Jasminblüten (jasminum sambac)

jasminum sambac > Jasmin

Johanniskraut (hypericum perforatum)

juniperus communis > Wacholder

Kalmus, Kalmuswurzel (calami rhizoma)

Kamille, Kamillenblüten (tripleurosperum indor.)

Kardamom (fructus cardamomum)

Kastanie

Kiefer

Koriander (Coriandrum Sativum)

Kräutergarten

lavandula angustifolia > Lavendel

Lavendel, Lavendelblüten (lavandula angustifolia

Lemongras (cymbopogon citratus)

levisticum officinalis > Liebstöckel

Liebstöckel, Liebstöckelwurzel (levisticum officinalis)

Linde

liriosma ovata > muira puama

Lorbeer, Lorbeerblätter (syzygium polyanthum)

Löwenzahn

Mädesüßkraut, Mädesüßblüten (filipendula ulmaria)

Majoran (origanum majorana)

Malve

Mariendistel

marrubium vulgare > Andornkraut

Melde

melissa officinalis > Melisse

Melisse (melissa officinalis)

mentha piperta > Pfefferminze

Mistel (viscum album

Moschus, Moschuskörner (hibiscus abelmoschus)

Muira Puama (liriosma ovata)

Muskatnuss, Muskatblüte myristicae semen)

myristicae semen > Muskatnuss

Myrte (folia myrti)

nasturtium officinale > Brunnenkresse

Nieswurz

ocimum basilicum > Basilikum

Orange, Orangenschalen, Orangenblüten (citrus aurantium)

origanum majorana > Majoran

Pappel

passiflora incarnata > Passionsblume

Passionsblume, Passionsblumenkraut (passiflora incarnata)

Patchouli, Patchouliblätter (pogostemon cablin)

Petersilie

Pfefferminze (mentha piperta)

picea abies > Fichtennadeln

pimpinella anisum > Anis

Poaceae > Heublumen

pogostemon cablin > Patchouli

Quebracho, Quebrachorinde (cortex quebracho)

quercus robur > Eiche

Ringelblume

rosa canina > Hagebutte

Rose, Rosenblüten (flores rosae centifoliae)

Rosmarin (rosmarinus officinalis)

rosmarinus officinalis, > Rosmarin

Safran (stigma croci)

Salbei (salvia officinalis)

salvia officinalis > Salbei

satureja hortensis > Bohnenkraut

Schafgarbe (achillea millefolium)

Scharbockskraut

Schierling

Schlafmohn

Schöllkraut

Schwertlilie > Iris

Sonnenhut

Sternanis (fructus anisi stellati)

stigma croci > Safran

symphytum officinale > Beinwell

syzygium polyanthum > Lorbeer

Taubnessel

Thymian (thymus vulgaris)

thymus vulgaris > Thymian

Tollkirsche

Tonkabohne (coumarouna odorata)

trigonella foenum-graecum > Bockshornklee

tripleurosperum indor. > Kamille

urtica dioica > Brennnessel

valerianae officinalis > Baldrian

verbena officinalis > Eisenkraut

viscum album > Mistel

Wacholder, Wacholderbeeren (juniperus communis)

Wegwarte

Wermut (artemisia absinthium)

Wiesengräser > Heublumen

Ysop, Ysopkraut (hyssopus officinalis)

Zeder, Zedernholz (cedrus atlantica)

Zichorie

Zimt (cinnamomum cassiae)

zingiberis rhizoma > Ingwer

Kräuterhexe

Begriff aus dem Volksmund für eine kräuterkundige Frau

Kräuterkunde

Lehre vom Einsatz der Kräuter

Kristallkugel

traditionelles Requisit zum Hellsehen

Kristallomantie

eine Form der Wahrsagung; spiegelnde Flächen dienen als Medium für Deutungen künftiger Ereignisse; praktisch jede reflektierende Fläche wurde zu dieser oder jener Zeit schon dazu verwendet; Wasser, Glas, poliertes Metall, Edelsteine,

Blut und sogar Seifenblasen; häufig wird eine Kristallkugel aus Glas, Bergkristall oder aus echtem Beryll verwendet

Karina / pixelio.de

Kürbis

Beerenpflanze mit hohem Vitamingehalt, bietet im Winter gesunde Ernährung; als Schnitzwerk beliebter Schmuck zu Samhain

Kultur

Veränderung der Natur zu einem höheren Nutzwert, einem höheren sozialen Zweck oder zu einem höheren sozialen Wert

Kupfer

Metall, das in der Magie der Göttin Venus zugeordnet ist; Kupfergeschirr wird heute noch von vielen Hexen zur Zubereitung von Liebesspeisen genutzt; Gartengeräte aus Kupfer dienen der besonderen Gartenpflege; Kupfer findet auch in der > Liebesmagie Anwendung

L

Das L in der Runenschrift ist die Rune Lagu

In der Hexenschrift schreibt man das L so: $\mathcal{L}$

Labradorit

dieser Stein wird gern zur Unterstützung von Meditationen genutzt; soll Intuition fördern und Illusionen enttarnen

Laguz

21. Rune des "Älteren Futhark": Wasser, Lebenskraft, Gefühl

Lammas

Erntefest bei den Hexen > Jahresfeste

Lapis philosophorum, *Der Stein der Weisen*

Begriff aus der Alchemie; Elixier, mit dem Blei zu Gold umgewandelt werden konnte; Universalmedizin

Lapislazuli

dunkelblauer Stein; soll die Sprachentwicklung bei
Kleinkindern fördern und Wahrheitsliebe schaffen helfen

Lemniskate

Zeichen für Unendlichkeit; liegende Acht

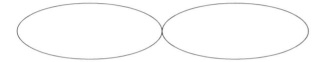

Leto

Geliebte des Zeus, Mutter von Artemis und Apoll

LehrerIn

BegleiterIn auf dem spirituellen Weg; Ratgeber und
Orientierungshelfer gegen Verirrungen

Lichterfest

>Imbolc

Liebe

universelle Energie, der sich alles Leben unterordnet;
basiert auf Hingabe, Wertschätzung und Achtsamkeit

Liebesmagie

Magie zur Herbeirufung eines Geliebten, zum Schutz einer Liebesbindung oder zur Entwicklung von Eigenliebe

✶ Exkurs: Liebesmagie

Ein alter Zauberspruch, bei dem der/die Suchende im Kreis läuft und ein Apfelkerngehäuse zerdrückt, bis ein Kern herausfällt, der eine Himmelrichtung angibt.

Dabei wird gesprochen:

> „Apfel, Apfel in der Hand,
>
> sag mir wo in diesem Land
>
> Osten, Westen, Norden, Süden,
>
> wird die wahre Liebe liegen?"

Lichtarbeit

> Energiearbeit

Litha

Hexenfest am 21. Juni > Jahresfeste

Loki, *Logi*

nordische Gottesgestalt, Blutsbruder von Odin;

Gestaltenwechsler, kann alle Arten von Tieren und

Menschen annehmen

Luft

eines der vier Elemente, auf dem Altar dargestellt durch

Dolch, Zauberstab oder Besen

Lughnasad

siehe Jahresfeste

Luna

Bezeichnung für Mond/ Mondgöttin

M

Das M entspricht in der Runenschrift dem Mannaz

In der Hexenschrift schreibt sich das M so:

Mabon

Held in der keltischen Mythologie, der besonders seine
Mutter ehrte; nach ihm wurde ein Hexenfest benannt; siehe
Jahresfeste

Macht

Vermögen oder die Kunst, Energien zu lenken, zu steuern
und zur Verwandlung der Gegenwart zu nutzen

Mädesüßkraut, *Mädesüßblüten* (filipendula ulmaria)
Räucherungen mit diesem Kraut wirken
stimmungsaufhellend; zugeschrieben wird eine
erotisierende Wirkung; seit jeher für Liebesrituale
verwendet, gemäß dem alten Spruch „Mädesüß macht
Mädchen süß"

Männlich

männliche Qualitäten sind Impulse und Entscheidungen

Mäßigkeit

Karte XIV im großen > Arkanum; steht für im Fluss sein, Ruhe, Wasser, Erde, Ausgewogenheit

Magie

Wille, das eigene Bewusstsein zu erweitern und damit ein Leben im Sinne der Natur und der Naturgesetze für sich zu schaffen (weiße Magie)

Magier

1. Ausführender der Magie
2. Karte I im großen > Arkanum; steht für Meisterung, Selbstbewusstscin, Unschuld

magische Flasche

Flasche, die als Talisman fungiert; wird normalerweise mit entsprechenden Kräutern gefüllt und dient dem Erhalt der gewünschten Qualität im Haus

Magnesit

Mineral; soll die Fähigkeit unterstützen, die Dinge mit Geduld und Gelassenheit zu betrachten

Magnetit

Mineral; soll die Konzentration auf das Wesentliche erleichtern und die Fokussierung auf das Ziel fördern

Majoran (origanum majorana)

der Rauch dieses Krautes wirkt entspannend und beruhigend, gibt Kraft und macht Mut, bringt uns wieder ins Gleichgewicht

Malefizium

„Üble Rede", Verfluchung

Malve

Kraut, das heute meist in der Kosmetik genutzt wird; man sagt der Malve nach, gegen Entzündungen im Mund zu wirken

Mariendistel

häufig vorkommende Pflanze, die zum Schutz der Leber dienen soll; wird gern als Altarschmuck und als Räucherung für Frauenangelegenheiten gebraucht

Mannaz

zwanzigste Rune des "Älteren Futhark"; Mensch, soziales Leben

Mantra

sich stets wiederholende Formel, dient der Entspannung und der Autosuggestion

Marmor

Mineral; häufiges Material für Dekorationsgegenstände; soll helfen, kreative Lösungen aus unangenehmen Situationen zu finden

Mars

Planet und römischer Gott des Krieges; sein Tag ist der Dienstag, seine Farbe Rot

Meditation

Handlung in Achtsamkeit zur Beruhigung des Geistes und zum Empfangen von unbewussten Botschaften

Melde

essbares Kraut, wird gern als Unkraut bezeichnet, weil sie über ein besonders rasantes Wachstum verfügt

Melisse (melissa officinalis)

als Räuchermittel dient es zum Schutz vor negativen Einflüssen und stärkt die Abwehrkräfte

Mentor

Archetypus bei Jung; > Archetypenarbeit

Merkur

röm. Gott der Händler, Götterbote; Tag ist Mittwoch; Farbe Violett; Kraut Lavendel

Merlin

einer der bekanntesten mythologischen Zauberer des westlichen Kulturkreises

Met, *Honigwein*

alkoholisches Getränk aus Honig und Wasser; es sind verschiedene Rezepte überliefert

Metis

Gestalt aus der griechischen Mythologie; erste Geliebte des Zeus und bekannt für ihren guten Rat und ihre Klugheit; gutmütige, kinderfreundliche Gottheit; Mutter der > Athene

Mistel (viscum album)

als Räuchermittel für verschiedenste Rituale verwendbar; der weihnachtliche Kuss unter einem Mistelzweig zeugt noch heute von der magischen Wirkung bei Liebesritualen;

ihr Rauch vertreibt negative Energien und Krankheiten, beruhigt die Nerven; soll in Duftkissen für schöne Träume sorgen

Mittsommer

Litha, siehe Jahresfeste

Mörser

Gefäß zum Zerkleinern von Kraut

Mond, *Der Mond*

1. Planet und Sinnbild für weibliche Göttlichkeit; Zeitgeber für viele Alltagsaufgaben und die Landwirtschaft
2. Karte XVIII im großen > Arkanum, steht für Gefahr, Grenzüberschreitung, Intuition

Mondphase

Name für die Zeitspanne zwischen Neumond und Vollmond (zunehmender Mond) und Vollmond und Neumond (abnehmender Mond)

Mondstein

Mineral; soll die Weiblichkeit fördern

Moral

aus dem Lateinischen, bezeichnet die Sitten und Überlieferungen, die für den reibungslosen Ablauf des sozialen Lebens sorgen sollen

Morgan le Fay, *Morgaine, Morgain oder Morgana*

Halbschwester von König Artus; wichtige Figur in der Artussage

Moschus, *Moschuskörner* (hibiscus abelmoschus)

bei Liebesräucherungen löst es Hemmungen, verbessert die Sinnlichkeit und verstärkt die sexuellen Energien

Muira Puama (liriosma ovata)

seine Holzschnipsel verwendet man in diversen Räuchermischungen; gilt als absolutes Aphrodisiakum, da es Verklemmungen beseitigen und die Potenz stärken soll

Muskatnuss, *Muskatblüte* (myristicae semen)

wird als Räuchermittel zum Wahrsagen genutzt, soll die Hellsichtigkeit fördern; vertreibt negative Gedanken und stärkt die Willenskraft

Muskovit

Mineral; klassischer Schutzstein, soll Angriffe abwehren

und Gelassenheit fördern; körperlich sollen Magen-, Galle-
und Nierenprobleme gelindert werden

Mutter

biologische Mutter; archetypische Figur bei C.G.Jung

Muttermythos

Erhöhung der Mutterschaft bis hin zu matriarchalischen
Strukturen

Myrte (folia myrti)

Räucherungen mit dieser Pflanze sollen die Konzentration
fördern und die Hellsichtigkeit unterstützen; steht für
Schönheit, Reinheit und Liebe; ist der Aphrodite geweiht

Mysterium

Geheimnis, dass sich durch Mystik offenbart

Mystik

Beschäftigung mit den spirituellen, transzendenten
Aspekten der menschlichen Wahrnehmung

Mythologie

systematische Beschäftigung mit Mythen oder deren
systematische Darlegung

✳ Exkurs: Mytholgie

Griechische Mythologie

In der westlichen Kultur ist die griechische Mythologie tief
verankert. Bis heute sind Philosophen, Künstler und
Denker von dem Gedankengut des antiken Griechenlands
begeistert. Die einzelnen Erzählungen waren ursprünglich
mündlich überliefert worden und wurden immer wieder an
die jeweiligen Gegebenheiten angepasst. Das führte dazu,
dass es bisweilen verschiedene Versionen einzelner Mythen
gab. Erst nachdem die Bezeichnungen der bekannten Götter
und Heroen bereits allgemein gebräuchlich waren, etwa seit
750 v. Chr., wurden die Geschichten dann
niedergeschrieben.

Als wichtigste überlieferten Werke gelten Homers Ilias und
Odyssee und Hesoids Theogonie. In Ilias beschreibt Homer
die letzten Tage des trojnischen Krieges, in der Odyssee
schildert er die Ereignisse auf der Heimreise des Helden
Odysseus nach dem Kampf um Troja. Hesoid beschreibt
mit seinen Schöpfungsgeschichten in der Theogonie den
Ursprung der Welt und die Götter, die auf ihr herrschen.
Meist handeln griechische Mythen von Menschen in

Extremsituationen, in denen sie die etablierten Normen verletzten, um ihre Abenteuer überstehen zu können. Die Griechen sahen die Erzählungen aber nicht als buchstabengetreu zu übernehmende Darstellungen, sondern interpretierten sie immer wieder neu. So ordnete der Philosoph Empedokles Mitte des fünften Jahrhunderts v. Chr. den Göttern die vier Grundelemente der Erde zu. Zeus repräsentierte für ihn das Feuer, Hades die Erde, Nestis das Wasser und Hera die Luft. Platon wollte nur solche Mythen zulassen, die die wahren Werte der Menschheit aufzeigten. Mythen waren den Athenern wichtig, so wurden Kinder erzogen, die Werke von Homer und Heroid auswendig zu lernen und viele Künstler verarbeiteten die Geschichten in der Gestaltung von Skulpturen, Schmuckstücken und Vasenbildern.

Die Sage zur Namensfindung von Athen

Um die Herrschaft über Athen stritten einst Athena und Poseidon und gewinnen sollte, wer der Stadt das beste Geschenk mache. Poseidon ließ auf dem Berg über Athen, der Akropolis, eine Wasserquelle entspringen. Athena erschuf den Olivenbaum, aus dessen Früchten das bekannte

Öl gewonnen werden konnte. Dem Volk war das Öl für Handel, Beleuchtung und Kochen sehr wichtig und damit das wertvollere Geschenk und so nannte man die Stadt nach Athena. Nach ihrem Attribut parthenos (Jungfrau) nannte man auch den ihr zu Ehren auf der Akropolis gebauten Tempel „Parthenon".

Der olympische Pantheon

Auf dem höchsten Berg Griechenlands, dem Olymp, waren die wichtigsten Götter angesiedelt. Ihnen wurde eine menschliche Gestalt und ein streitsüchtiges Wesen zugeschrieben. Zeus als Gott des Himmels war der König der Götter, Poseidon, einer seiner Brüder, beherrschte das Meer. Hades, der andere Bruder Zeus´, war Herr über die Unterwelt und das Totenreich. Hestia, Schwester des Zeus, galt als Göttin des Heims, Demeter, eine weitere Schwester Zeus´, war Göttin der Erdfruchtbarkeit. Zeus machte seine Schwester Hera zu seiner Frau und zeugte mit ihr die Gottheiten Hebe, Göttin der Jugend, Eileithyia, Göttin der Geburt, Hepaistos, Gott des Feuers und den Kriegsgott Ares. Zeus zeugte noch mit Metis die Göttin Athena, mit Demeter die Göttin der Unterwelt, Persephone, mit der

Titanin Leto die Jagdgöttin Artemis und den Gott der Künste, Appolon. Der Götterbote Hermes entstammte seiner Verbindung mit der Nymphe Maia. Den Gott des Weines, Dionysos, zeugte er mit der sterblichen Semele und dem schäumenden Meer entstieg seine Tochter Aphrodite, Göttin der Liebe.

Mythos über die Geburt aus der Erde

Einst schickte Zeus aus Verärgerung eine große Flut über die Menschheit. Weil Prometheus seinen Sohn Deukaleon und dessen Frau Pyrrah warnte, konnten sie sich auf eine Arche retten. Nachdem das Wasser wieder gesunken war, brachten sie Zeus ein Opfer dar, der ihnen daraufhin die Titanin Themis zu Hilfe schickte. Sie gab den beiden den Rat, fortzugehen und dabei Steine über die Schultern zu werfen. Aus den von Deukaloen geworfenen Steinen wurden Männer, die von Pyrrah geworfenen wurden zu Frauen. So war ein neues Menschengeschlecht aus der Erde entstanden. Die Athener fühlten sich als von der Erde abstammende Menschen überlegen gegenüber den anderen Griechen oder anderen Völkern, weshalb sie diese Mythen besonders pflegten.

Mythos über die Leiden der Menschheit

Die Mythen vom Titan Prometheus beschreiben das Leid der Menschheit. Er zeigte den Menschen den Kniff, dass er bei den Opfergaben an Zeus nur die Knochen, nicht aber das Fleisch darbot. Von da an boten die Menschen Zeus auch nur die Knochen der Opfertiere an und aßen das Fleisch selbst. Zornig verweigerte Zeus darauf den Menschen das Feuer, aber Prometheus fand erneut eine List, eine Flamme zu stehlen und sie zur Erde zu bringen. Darüber war Zeus sehr wütend und ließ Prometheus am Kaukasus anketten und einen Adler von dessen Leber fressen. Prometheus war ein Unsterblicher, weshalb er nicht zu Tode kam, sondern seine Leber sich über Nacht immer wieder erneuerte. Damit begannen seine Qualen jeden Morgen von Neuem.

Zeus bestrafte auch die Menschen, die das gestohlene Feuer entgegengenommen hatten. Von seinem Sohn Hephaistos ließ er Pandora, eine Frau aus Lehm schaffen und schickte sie mit einem Gefäß, der Büchse der Pandora, zu Epimetheus, dem Bruder Prometheus. Epimetheus nahm entgegen der Warnung seines Bruders Pandora zur Frau.

Als sie die Büchse öffnete kamen Elend und Krankheiten über die Menschen, im Gefäß blieb nur noch die Hoffnung.

Der trojanische Krieg

Archäologen datieren die Zerstörung Trojas auf etwa 1250 v. Chr. Dem Mythos nach führten folgende Ereignisse zum Untergang der Stadt: Einst stritten die Göttinnen Athena, Aphrodite und Hera darüber, wer die Schönste von ihnen sei. Zeus machte Paris zum Schiedsrichter in diesem Streit. Dieser war als Kind von seinen Eltern, König Priamos und Königin Hekabe von Troja ausgesetzt worden, weil sie eine Prophezeiung fürchteten, die Stadt werde durch Paris zerstört werden. Paris hatte dies überlebt und war später wieder in seine Familie aufgenommen worden. Weil Aphrodite ihm Helena, die schönste Frau der Welt, versprochen hatte, entschied er den Streit der Göttinnen zugunsten Aphrodites und entführte Helena ihrem Ehemann Menelaos, dem König von Sparta. Die Griechen kamen dem Gedemütigten bei seinem Vorhaben, Helena zurückzuholen, zu Hilfe und segelten mit ihrer Flotte nach Troja. Agamemnon, König von Mykene und Befehlshaber der griechischen Truppen, nahm Chryseis, Tochter des troJanuarischen Apollon-Priesters, als Kriegsbeute. Er musste sie aber wieder zurückgeben, nachdem Apollon die Griechen dafür mit einer furchtbaren Seuche bestraft hatte. Daraufhin raubte der gekränkte Agamemnon seinem Mitstreiter Achilleus dessen Sklavin Briseis. Achilleus zog sich nun schmollend aus dem Kampf um Troja zurück. Dies bedeutete eine entscheidende Schwächung der Griechen, weshalb Agamemnon wieder Briseis zurückgab. Zwischenzeitlich hatte Hektor, ältester Sohn von Priamos, den Patroklos, ein Freund von Achilleus erschlagen, der in dessen Rüstung in die Schlacht gegangen war. Darüber voller Wut jagte Achilleus Hektor dreimal um die Stadtmauer Trojas, tötete ihn dann im Zweikampf und zog den Leichnam triumphierend hinter seinem Streitwagen her. Priamos bat um die Herausgabe seines toten Sohnes, um ihn bestatten zu können. Erst der Zorn der Götter soll Achilleus schließlich zum Nachgeben bewegt haben. Wenig später starb Achilleus als er von Paris mit einem Pfeil an seiner einzigen verwundbaren Stelle, der Ferse, getroffen wurde. Schließlich gewannen die Griechen den Krieg durch eine List des Odysseus. Sie erbauten vor dem Stadttor ein großes, hohles Holzpferd und versteckten darin einige ihrer besten Krieger während die Flotte scheinbar abzog. Da die Trojaner das Pferd für ein Geschenk an die Götter hielten, zogen sie es in die Stadt hinein. Nach Einbruch der Dunkelheit kletterten die Griechen aus dem Pferd, öffneten die Stadttore und ließen die zurückgekehrten Krieger hinein. So wurde Troja erobert und die alte Prophezeiung, Paris zerstöre die Stadt, erfüllte sich letztlich.

Der Superheld Herakles

In der griechischen Mythologie gab es auch eine Vielzahl von Heroen. Als Heros wurden Gestalten bezeichnet, die meist Götter zum Vater und eine Sterbliche zur Mutter hatten, es waren also Halbgötter.

Der bedeutendste griechische Heros war wohl Herakles, der bei den Römern Herkules genannt wurde. Er wurde als einziger Heros im gesamten Griechenland verehrt und war eine der ersten Sagengestalten in der griechischen Kunst. Seine herausragenden Leistungen riefen bei den alten Griechen Bewunderung hervor, manchmal führten sie aber auch zu Schande und Vernichtung. So hatte er einen zweifelhaften Ruf als hemmungsloser Lüstling, Trinker und

Völler. Seine Leidenschaft für Iole, Tochter des Königs Eurytos von Oichalia, veranlasste seine Gemahlin Deianeira, ihn mit einem Zauber zurückzugewinnen. Aber das Vorhaben misslang und trieb Herakles in den Flammentod. Sein Vater Zeus entriss ihn den Flammen und brachte ihn auf den Olymp. Hier gelangte er als einziger Heros zur Unsterblichkeit.

Seine bekanntesten Taten sind die zwölf Arbeiten, die er als Sühne von König Eurystheus auferlegt bekommen hatte. Zuvor war er von Hera mit Wahnsinn überzogen worden, weil er nicht in die Dienste von Eurysteus treten wollte. In einem Anfall erschlug Herakles seine Frau Megara und die drei gemeinsamen Kinder. Als er wieder bei Sinnen war, ergriff ihn tiefe Reue. Er befragte schließlich das Orakel von Delphi, das ihm Entsühnung versprach, wenn er sich zwölf Jahre lang in den Dienst des Eurysteus stelle und die geforderten Aufgaben erfülle. Er folgte der Verheißung des Orakels und vollbrachte in den kommenden Jahren die zwölf Arbeiten. Diese waren im Einzelnen:

Erlegung des Löwen von Nemea. Es bedrohte ein Löwe, dessen Fell keine Waffe durchdringen konnte die Stadt Menea. Herakles beteubte ihn mit einem Hieb seiner Keule und erwürgte ihn. Sein Fell trug er fortan als Umhang.

Tötung der neunköpfigen Hydra von Lerna. In den Sümpfen von Lerna lauerte einst eine Wasserschlange mit neun Köpfen, eine Hydra. Schlug man ihr einen Kopf ab, wuchsen zwei neue nach. Herakles brannte mit seiner Fackel die Schnittstellen am Hals aus, so dass keine Köpfe mehr nachwachsen konnten. Er tauchte seine Pfeile in das Gift der Hydra und besaß seitdem eine Waffe, mit der er unheilbar totbringende Wunden zufügen konnte.

Einfangen der kerynitischen Hirschkuh. Eine Hirschkuh lebte einst auf dem Berg Keryneia. Sie war ein der Göttin Artemis geweihtes Tier mit Hufen aus Bronze und einem Geweih aus Gold. Herakles sollte es unverletzt einfangen. Er war ein Jahr auf der Pirsch und konnte die Hirschkuh schließlich mit seinem Netz fangen.

Einfangen des erymanthischen Ebers. Es gab einen Eber, der so Furcht einflößend wirkte, dass Eurysteus sich zu Tode erschrak und in einem Bronzegefäß vor ihm versteckte. Herakles trieb das Tier aus dem Wald in ein Schneefeld, wo es schnell ermüdete. Schließlich konnte er den Eber bezwingen und fesseln.

Ausmisten der Ställe des Augias. König Augeias hatte

seine Rinderställe niemals säubern lassen, so dass sich der Mist bis unter die Decke aufschichtete. Herakles sollte die Ställe an nur einem Tag reinigen. Für diese entehrende Aufgabe ließ er sich etwas Besonderes einfallen. Er leitete die beiden nahegelegenen Flüsse Alpheios und Peneios durch die Stallungen und der gesamte Mist wurde fortgespült.

Ausrottung der stymphalischen Vögel. Diese Vögel hatten Schnäbel, Krallen und Flügel aus Eisen und fraßen auch Menschen. Herakles scheuchte die Vögel mit zwei großen metallenen Klappern auf und tötete sie dann einzeln mit seinen vergifteten Pfeilen.

Einfangen des kretischen Stiers. Auf Kreta lief einst ein riesiger Bulle Amok. Nur Herakles konnte den Stier bändigen und ihn lebend einfangen.

Zähmung der Pferde des Diomedes. Weil Diomedes seine wilden Pferde mit Menschenfleisch fütterte, waren sie sehr gefährlich. Herakles tötete Diomedes und warf ihn seinen Rössern zum Fraß vor. Nachdem sie ihren Herrn aufgefressen hatten, waren sie zahm geworden.

Herbeischaffung des Gürtels der Hippolyte. Herakles sollte das Wehrgehänge der Amazonenkönigin Hippolyte herbeischaffen. Diese hatte ihm zunächst den Gürtel freiwillig übergeben. Durch eine Intrige kam es dann doch zu einem Kampf, in dessen Verlauf Herakles die kriegerischen Amazonen besiegte, Hippolyte tötete und schließlich mit dem Gürtel wieder nach Griechenland zurückkehrte.

Raub der Rinder des Geryon. Geryon war ein Riese mit drei Körpern, der sich zusammen mit seinem zweiköpfigen Hund Orthros eine große Rinderherde angeeignet hatte. Herakles konnte beide im Kampf besiegen und die Rinder nach Hause führen.

Pflücken der Äpfel der Hesperiden. Diese goldenen Äpfel wurden von den Hesperiden gehütet und von einem Drachen bewacht. Herakles sollte die Äpfel rauben, da sie ewige Jugend verleihen sollten. Mit einer List konnte er Atlas, den Vater der Hesperiden, dazu bewegen, die Äpfel zu pflücken und ihm zu übergeben.

Herbeibringen des Wachhundes Kerberos. Als letzte Aufgabe sollte Herakles Kerberos, den Bewacher des Tores zur Unterwelt, zu Eurysteos bringen. Herakles bekommt von Hades die Erlaubnis, den dreiköpfigen Wachhund zeitweise aus der Hölle zu entfernen. Er nutzt die

Gelegenheit und ringt das riesige Tier ohne Waffen nieder, zeigt es dem Eurystheos und gibt es Hades zurück.

Römische Mythologie

Die Römer übernahmen viele der griechischen Mythen und passten sie ihren Zwecken an. Die Etrusker hatten schon in der Zeit von 900 – 500 v. Chr. den griechischen Götterhimmel übernommen und brachten die griechischen Mythen in die römischen Glaubensvorstellungen. Für die Götter hatten die Römer keine eigenen Mythen und auch keinen eigenen Schöpfungsmythos. Zeus entsprach bei ihnen Iupiter, Hera wurde zu Iuno, Athena zu Minerva, Ares zu Mars, Artemis zu Diana und Aphrodite zu Venus. Waren die griechischen Götter noch sehr menschenähnlich in Gestalt und Verhalten, so verkörperten die römischen Gottheiten meist abstrakte Eigenschaften und Werte, es kam mehr auf ihre Funktionen als auf ihre Persönlichkeiten an. Für die rasch wachsende Bevölkerung der Römer standen Fragen der Ernährung und Landwirtschaft im Vordergrund, weniger Erleuchtung und Weisheit. Während im alten Griechenland noch Götter wie Athena und Apollon eine hohe Bedeutung hatten, standen die römischen

Entsprechungen Minerva, Göttin der Klugheit, und Apollo, Gott der Selbsterkenntnis, eher im Hintergrund. Der griechische Kriegsgott Ares spielte eine geringe Rolle, während sich die Römer stolz zu ihrem Mars bekannten, weil der für den Imperialismus Roms außerordentlich bedeutsam war. Auch standen die römischen Mythen in einem engen historischen Kontext, sie waren stärker mit Ort und Zeit der frühen römischen Geschichte verbunden und weniger fantastisch als die griechischen. Während der Ausdehnung ihres Reiches übernahmen die Römer oft auch Mythen ihrer unterworfenen Völker. Dadurch entstand schließlich eine römische Mythologie, in der große Anteile der Ägypter, Griechen, Kelten und anderer Kulturen zu finden waren.

Der Dichter Ovid trug mit seinem Werk Metamorphosen, in dem er circa 250 Geschichten aus der antiken Sagenwelt verarbeitete, wesentlich dazu bei, die griechischen Mythen in die lateinische Dichtung zu übertragen.

Keltische Mythologie

Die Kelten kann man als die großen Gründervölker Europas bezeichnen. Keltische Königreiche beherrschten den größten Teil Europas nördlich der Alpen. Die Zeit ihrer größten Verbreitung von Irland und Teilen Spaniens im Westen bis hin zur Zentraltürkei im Osten lag zwischen dem fünften bis dritten Jahrhundert v. Chr. Wahrscheinlich bildeten die seit Jahrtausenden hier ansässigen Völker nach und nach die Merkmale aus, die wir als keltisch bezeichnen. Die Kelten bildeten kein zusammenhängendes Imperium, vielmehr bestand ihre Welt aus den unterschiedlichsten Herrschaftsgebieten und weit verzweigten Familien, die durch eine gemeinsame Kultur und Sprache verbunden waren. Diese scheinbar nicht organisierten Völker beherrschten Europa etwa 500 Jahre lang, bevor sie von den Römern nach Irland, Wales, Schottland und in die Bretagne verdrängt wurden.

Aus der frühen keltischen Zeit sind keine schriftlichen Überlieferungen bekannt. Griechische und römische Schriften schildern die Kelten eher als undisziplinierte Krieger, während archäologische Funde auch auf eine gebildete und wohlhabende Kultur schließen lassen. Ihre handwerklichen und künstlerischen Fähigkeiten waren europaweit herausragend. Einen kleinen Einblick in die keltische Mythologie geben irische und walisische Texte, die aber erst später verfasst worden sind.

Der religiöse Kalender der Kelten kannte vier bedeutende Feiertage. Imbolc war die Nacht zum 01. Februar, in der die Fruchtbarkeitsgöttin Brigit und das bevorstehende Säugen der neuen Lämmer durch die Mutterschafe gefeiert wurde. Am 01. Mai beging man Beltane/ Beltaine. Zu Ehren Belenus´, Gott über Leben und Tod, wurden große Freudenfeuer entzündet. Das Fest war ein XXX
Das dritte Fest, Lughnasad, wurde am 01. August begangen. Es war dem Sonnengott Lug geweiht.
Samhain wurde in der Nacht zum 01. November gefeiert. Es stand für das Ende des Sommers und den Jahreswechsel. Die Grenze zu den Ahnen in der Anderswelt ist in dieser Nacht besonders durchlässig.

Mit ihren großen Feuerfesten ehrten die Kelten das Feuer als Entsprechung der Sonne. Feuer und Sonne erhalten das Leben und können es auch zerstören. Das Feuer reinigt und aus der Asche entspringt neues Leben, deshalb verteilten die Kelten die Asche der großen Freudenfeuer als Dünger auf ihre Felder. Samhain und Beltane waren die wichtigsten

Feuerrituale, sie teilten das Jahr in Sommer und Winter. In der keltischen Mythologie ereigneten sich viele Geschichten zu den Festterminen. Die Themen waren vor allem Transformation, Erneuerung, Tod und Wiedergeburt. In ihrer Mythologie kommen Haus- und Wildtiere häufig vor. Die Kelten verehrten Tiere wegen ihrer Fruchtbarkeit, Kraft und Schnelligkeit sowie anderer Eigenschaften. Der Stier z. B, symbolisiert die Kraft, der Eber steht für Krieg. Auf Metallarbeiten und Tongefäßen der frühen Kelten wurden Tierabbildungen häufig stilisiert oder in Mustern versteckt dargestellt. Später gab es auch Tierfiguren aus Bronze oder Ton, oft in Verbindung mit ihren Göttern. So wurde Epona meist mit Pferden und Nahalennia meist mit Delfinen gezeigt.

Die meisten keltischen Götter standen für wichtige Aspekte des Lebens, wie Heilung, Jagd, Kriegsführung, Fruchtbarkeit und Erntesegen. Es gab einige bedeutende Gottheiten, die von allen Kelten verehrt wurden, aber meist handelte es sich um Lokal- oder Stammesgötter.

Mythos

Sage, Legende, Geschichte um mythologische Figuren und
Zusammenhänge

N

Das N entspricht in der Runenschrift dem Nauthiz

In der Hexenschrift schreibt sich das N so: ᚼ

Naudhiz/ *Nauthiz*

Zehnte Rune des "Älteren Futhark": Not, Entbehrung

Narziss

mythologische Gestalt aus dem antiken Griechenland;
Narziss war so verliebt in sein Spiegelbild, dass er darin
umkam

Narr, *Der Narr*

Karte 0 im großen > Arkanum, steht für Unbeschwertheit,
Lebendigkeit, Kraft, Neuanfang

Natur

alles belebte im Grundzustand vor der Kultivierung

Naturreligion

veraltete Bezeichnung für die Religionen der meist
schriftlosen „Naturvölker"

Neumond

Mondstand, an dem der Mond von der Erde aus am
wenigsten zu sehen ist > Mond

Neuntes Haus

im Horoskop der Ort für Lebensphilosophie und
Weltanschauung

Nephrit

Mineral; soll Blasen- und Nierenbeschwerden lindern

Numerologie

Lehre von den Zahlen; verschiedene Systeme sind bekannt;
das bekannteste System stammt von Pythagoras von Samos

System des Pythagoras

Für ihn stand die EINS für die Sonne, für Gott, auch für
den Mann. Sie bildet die Grundlage aller Zahlen.
Die ZWEI ordnet er dem Mond zu, damit auch der Frau
und allen weiblichen Eigenschaften, allerdings sah man in

der Antike die ZWEI auch als Zahl des Teufels, weil eben die Einheit gestört war.

Die DREI stellte er als Symbol für Dreifaltigkeit. Im Dreifachgesetz der Hexen ist die Bedeutung noch ebenso erhalten wie im christlichen Glauben an die Dreieinigkeit.

Die VIER bedeutete für ihn Materie, wir erinnern uns an die vier Elemente, aus denen nach antiker Auffassung alle Materie besteht.

Die FÜNF wurde als Symbol für Sinnlichkeit und Sexualität gesehen, damit auch wieder dem Mann zugeordnet (!).

Die SECHS ist zu seiner Zeit die Zahl der Harmonie und der Liebe, auch der Ehe gewesen.

SIEBEN war in der Antike die Zahl der Magie und der Verbindung von Tod und Geburt.

Die ACHT wurde der materiellen Welt zugeordnet und symbolisierte Gerechtigkeit.

Die NEUN stand für den Geist.

Pythagoras ist vielleicht ein wenig überholt, aber Reste seiner Theorie finden wir noch heute.

Betrachten wir die biblische Zahlendeutung:

Mit der EINS werden in der Bibel Einzigartigkeit und Einheit dargestellt. In der Bibel steht die EINS für Harmonie und Ehe.

Die ZWEI dient der Bekräftigung der EINS.

Die DREI entspricht auch hier der Dreifaltigkeit, der Dreifachheit. Jesus steht am dritten Tag vom Tod auf, Aussagen werden dreifach wiederholt, um besonders eindringlich zu wirken. Im Hexencredo heißt es: „Zieh den Kreis dreifach aus", jeder Zauber wird mit einem dreifachen „So sei es" besiegelt.

Die VIER bezeichnet eine räumliche Unendlichkeit und bezieht sich auf alle Himmelrichtungen.

Die SECHS deutet in der Bibel auf den Teufel und auf Unvollkommenheit hin,

Die SIEBEN hingegen auf Vollkommenheit (Erschaffung der Welt in 7 Tagen).

Die ACHT ist in der Bibel die Zahl des neuen Anfangs (Lemniskate der Unendlichkeit!).

Die ZEHN repräsentiert alle Gebote, also die Basis des biblischen Rechtssystems.

Interessant ist noch die Verwendung der ZWÖLF, denn sie setzt sich zusammen aus 3 X 4, also Eindringlichkeit aus

allen und in alle Himmelsrichtungen. Das Volk Israel
bestand aus zwölf Stämmen, Jesus hatte zwölf Jünger.

Jede Zahl ist auch einem Planeten zugeordnet. Für Rituale
lässt sich dieses Wissen um Zahlen vielleicht beim Aufbau
eines Altars verwenden. Im Tarot können die Planeten
einen Hinweis auf eine zusätzliche Qualität bieten.

EINS   -   Sonne

ZWEI   -   Mond

DREI   -   Jupiter

VIER   -   Uranus

FÜNF -   Merkur

SECHS-   Venus

SIEBEN-   Neptun

ACHT -   Saturn

NEUN -   Mars

Im Tarot und in der Traumdeutung arbeiten wir sehr viel
mit der folgenden Zahlenmystik. Hier sehen die
Bedeutungen wie folgt aus:

1   - Die Schöpferkraft, der Impuls, die Initiative

2   - Polarität, jedoch harmonisch

3   - Fruchtbarkeit, Wachstum, Kreativität und Lebenskraft

4   - Ordnung (4 Elemente und 4 Himmelsrichtungen)

5   - das fünfte Element, der Geist (im kleinen Arkanum kann es ein Krisenzeichen sein)

6   - Vereinigung, Harmonie, Fruchtbarkeit

7   - Heiligkeit, verbindet die göttliche 3 mit der irdischen 4

8   - Gerechtigkeit, im kleinen Arkanum auch Veränderung, was ja   gerade zur Gerechtigkeit führen kann

9   - Innenschau, Ruhe vor dem Neubeginn (Gegenteil zur 6)

10   - Vollkommenhcit, aber auch das Maximum

11   - Grenzüberschreitung, Überschreitung des Maximum

12   - Vollständigkeit, auch Abschluss (3X4)

In der modernen Welt wird noch immer die Zahl SECHS eher etwas aus der „bösen", teuflischen Welt zugeordnet (666 als Kennzeichen des Teufels und einiger Satanisten)

Nymphe

sowohl Naturgeist als auch Bezeichnung für eine Priesterin

O

Das O entspricht in der Runenschrift dem Othila

In der Hexenschrift schreibt sich das O so: ϑ

Odin

Hauptgott der nordischen Mythologie

Okkultismus

das Verborgene; veraltete Bezeichnung für magische

Techniken; nicht eindeutig definiert als weiße oder

schwarze Kunst

Omen

Vorzeichen, das in einer Vision oder während einer

Orakeltätigkeit gesehen wurde und immer in die Zukunft

zeigt; im > Aberglauben gelten beispielsweise Schwarze

Katzen als böses Omen, vierblättriger Klee als gute Omen

Onyx

Schutzstein aus der Talismanie

Opal

Stein, der genutzt wird, um die Intuition und Inspiration zu stärken

Opfergaben

kleine Geschenke für die Energien des Universums, beispielsweise Kräuter zum Räuchern oder Steine, die ins Wasser geworfen werden; das Opfern ist in der Gegenwart ein wenig aus der Mode gekommen; Menschen zeigen mit Opfergaben ihre Dankbarkeit; eine Opferung kann an jedes Ritual zum Dank angeschlossen werden

Orakel, *Orakelspruch*

eine Aussage über den Verlauf und Ausgang eines Prozesses; es wird „orakelt"; zum Orakeln werden häufig Medien wie Karten oder Runen etc. genutzt; Orakel kann auch einen bestimmten Ort bezeichnen, der nur zum Orakeln genutzt wurde wie das „Orakel von Delphi", bei dem es sich um einen Tempel handelte

Orange, *Orangenschalen, Orangenblüten* (citrus aurantium)

in Räucherungen sorgt sie für Harmonie und vertreibt schlechte Laune; hat eine erotisierende Wirkung, wird häufig in Liebesritualen verwendet

Ostara

erstes Fest der Fruchtbarkeit im Jahreskreis der Hexen; Ursprung des christlichen Osterfests; siehe auch Jahresfeste

Osten

Himmelsrichtung, in der der Aufgang des Lichts stattfindet; Orient

Othala, *Odal*

24. Rune des "Älteren Futhark": Besitz, Wohlstand

P

Das P entspricht in der Runenschrift dem Perth

In der Hexenschrift schreibt sich das P so: 𝍬

Paganismus

> Heidentum; Glaube an die Phänomene der Natur als Gottheit

Pantheon

griechischer Götterhimmel, in dem alle Götter vereint zusammen lebten

Paracelsus

geb. 10. November 1493 in Egg/ Schweiz, gestorben am 24. September 1541 in Salzburg; Heilkundiger, der den Ausgleich der Säfte als Basis für Gesundheit sah

Passionsblume, *Passionsblumenkraut* (passiflora incarnata)

als Räuchermittel wirkt das Kraut anregend, stimmungsaufhellend und erotisierend

Patchouli, *Patchouliblätter* (pogostemon cablin)
bei Räucherungen entweicht ein erotisierender Duft, der auf Frauen und Männer gleich anziehend wirkt; lässt Unsicherheiten und Ängste schwinden; fördert die Hellsichtigkeit und Wahrsagungen

Pendel

Wahrsagemittel, ein Gegenstand am Ende eines Fadens/ Seils; die Schwingung des Pendels gibt Auskunft auf die gestellte Frage

Pentagramm

Fünfzack, der die vier Elemente und den menschlichen Geist bezeichnet; da Vinci hat in ihm die Form des Landwirbeltiers erkannt; ältestes Schutzsymbol der Welt und wichtigstes Symbol in der weißen Magie

Pentakel

> Pentagramm, das von einem Kreis umgeben ist, die fünf

Zacken berühren den Kreis

Percht, *Perchta*

Wintergestalt, die während der Rauhnächte; entspricht der mitteldeutschen Frau Holle

Perthro

Vierzehnte Rund des "Älteren Futhark": Weissagung, Schicksal

Petersilie

Gewürzpflanze mit hohem Vitamin-C-Gehalt; nicht in der Schwangerschaft anwenden

Pfefferminze (mentha piperta)

Räucherungen mit diesem Kraut werden bei Reinigungs- und Heilungsritualen verwendet; beruhigt die Nerven; öffnet den Geist und zieht so positive Erlebnisse an

Pflanzen

Lebewesen, die sich von Wasser und Licht ernähren und sich nicht von ihrem Standort bewegen; Kräuter, Bäume, Gräser, Obst und Gemüsepflanzen etc.

Pilz

Lebewesen, verschiedenste Arten, teilweise Essbar, wurden früher als Rauschmittel genutzt, um Trancezustände zu bewirken

Prophezeihung

Weissagung über ein zukünftiges Ereignis

Pyrit

schimmernder Stein; als flache Scheibe Pyritsonne genannt; soll die Selbsterkenntnis fördern; körperlich sollen Entgiftung und Wasserausscheidung angeregt werden

Q

In der Runenschrift gibt es keine Entsprechung zum Q.

In der Hexenschrift schreibt sich das Q so: ꐞ

Quebracho, *Quebrachorinde* (cortex quebracho)
dieses Räuchermittel hat eine starke sexuell anregende
Wirkung; darf nur für Räucherungen verwendet werden

Quintessenz
Begriff aus der Numerologie, Summe aller Ziffern in einer
Zahl oder einem Datum

R

Das R entspricht in der Runenschrift dem Raido

In der Hexenschrift schreibt sich das R so: ᛗ

Rad des Schicksals

Karte X im großen > Arkanum, steht für Tarot, Elemente, Wandlung

Raidho

Fünfte Rune des "Älteren Futhark": Reise, Bewegung

Räucherung

magische Handlung, bei der Räucherwerk verbrannt wird; Zweck: Reinigung, Visionssuche; Orakel; Opfer

Räucherwerk

Kräutermischung, die bei der Räucherung verbrannt wird

Rauchquarz

Mineral; soll bei Stress entspannend wirken und bei
Nervosität und Kopfschmerz hilfreich sein

Rauhnächte

Zeit zwischen den Jahren vom 24.12 bis zum 6.1. ; in den
Rauhnächten werden spezielle rituelle und magische
Handlungen vollzogen, um zu Erkenntnissen zu kommen,
die für die folgenden 12 Monate von Bedeutung sind

Reinigung

grundsätzlich verpflichtende Handlung vor einem Ritual
oder einer magischen Handlung;
zum Reinigen nutzt die Hexe unter anderem folgende
Mittel:
fließendes Wasser, Angelikakraut, Bernstein, Gewürznelke
Kampfer, Meersalz, Rosmarin, Salbei, Salz, Thymian
Weihrauch, Zwiebeln
Glocken, Rasseln, Klangschalen, Klangspiele

Rhodonit

hellroter Stein; soll Seele und Körper befrieden; soll das
Verarbeiten seelischer Verletzungen erleichtert und
Wundheilung durch Auflegen begünstigen

Ringelblume (Calendula officinalis L.)

heimischer Korbblütler; meist einjährige krautige Pflanze; verwendet werden die Blüten und Blätter zur Herstellung von Tee und Umschlägen; wirkt innerlich blutreinigend, kreislaufanregend, schweißtreibend; äußerlich gut bei vielen Hautkrankheiten und -verletzungen

Ritual

eine nach vorgegebenen Regeln ablaufende, meist formelle und oft feierlich-festliche Handlung mit hohem Symbolgehalt; wird häufig von bestimmten Wortformeln und festgelegten Gesten begleitet und kann religiöser oder weltlicher Art sein (z. B. Gottesdienst, Begrüßung, Hochzeit, Begräbnis, Aufnahmefeier usw.) Ritualablauf in der weißen Magie:

- Anrufung der Schutz- und Lichtgeister, Elemente oder Wächter
- Verschmelzung mit der Weltenseele - Ausrufung seines Wunsches/ Zaubers
- Dank und Entlassung der helfenden Energien

Ritualdolch

siehe Athame

Ritualmagie

Ausübung von Ritualen zu magischen Zwecken

Ritus, *Riten*

eine in den erheblichen Grundzügen vorgegebene Ordnung für die Durchführung zumeist zeremonieller, speziell religiöser und insbesondere liturgischer Handlungen. Im weiteren, abgeleiteten Sinn wird der Ausdruck auch verwendet, um feste Gewohnheiten und Rituale eines Lebewesens oder einer sozialen Gruppe zu beschreiben.

Rose, *Rosenblüten* (flores rosae centifoliae)

Räucherungen mit dieser Blume bewirken eine Atmosphäre liebevoller Zuneigung und Erotik; Harmonie und innerer Frieden werden vermittelt; schmerzhafte Erinnerungen können verarbeitet und Vergangenes losgelassen werden

Rose von Jericho, *Wüstenrose*

Pflanze, die jahrelang ohne Wasser auskommt und bei Zufuhr von Wasser sofort ergrünt; Mottenschutz

Rosenquarz

weithin bekanntes Mineral; soll das Einfühlungsvermögen in die eigenen Bedürfnisse und die anderer steigern;

körperlich soll der Herzrhythmus reguliert und Fruchtbarkeit gefördert werden

Rosmarin (rosmarinus officinalis)
als Räuchermittel angewandt stärkt es die Konzentrationsfähigkeit, unterstützt das Gedächtnis und macht hellwach; gibt die nötigen Energien zur Bewältigung von Problemen; dient zum Schutz gegen böse Geister

Rubin

seit jeher hoch geschätzter Edelstein; soll seelisch wie körperlich anregen sowie Tatendrang und Leidenschaft fördern

Runen

Zeichen unterschiedlicher Alphabete, regional und zeitlich unterschiedlich; das bekannteste System ist der ältere Futhark aus 24 Runenzeichen; ursprünglich in Stäbchenform aus Buchenholz; Odin soll die Runen in meditativer Haltung von Thor erhalten haben

FURTHAK - Runenalphabet

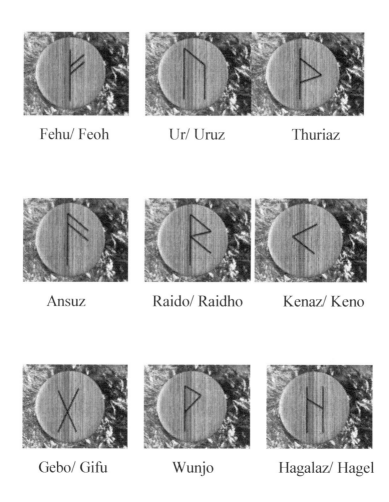

Fehu/ Feoh   Ur/ Uruz   Thuriaz

Ansuz   Raido/ Raidho   Kenaz/ Keno

Gebo/ Gifu   Wunjo   Hagalaz/ Hagel

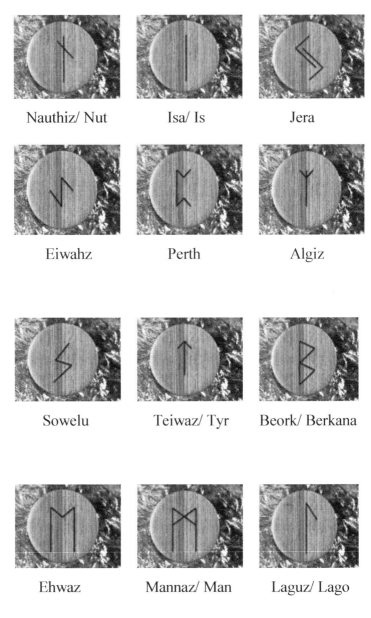

Nauthiz/ Nut   Isa/ Is   Jera

Eiwahz   Perth   Algiz

Sowelu   Teiwaz/ Tyr   Beork/ Berkana

Ehwaz   Mannaz/ Man   Laguz/ Lago

Inguz/ Ing   Dagaz/ Dag   Othila/ Othalaz

Die einzelnen Runen mit ihrer Bedeutung finden sich im
laufenden Inhalt.

S

Das S entspricht in der Runenschrift dem Sowelo

In der Hexenschrift schreibt sich das S so: ꝟ

Safran (stigma croci)

dieses Räuchermittel verbreitet gute Laune und lebensbejahende Energie; fördert die Hellsichtigkeit; hat eine stark erotisierende Wirkung

Sakral

> heilig

Salbei (salvia officinalis)

diese Räucherpflanze verfügt über eine antiseptische Wirkung; wird bevorzugt zu Reinigungszwecken und zur Vertreibung von Geistern und Dämonen verwendet; klärt die Gedanken und hilft bei Meditationen

Salz

Reinigungsmittel in der weißen Magie; gehört beim Ritual zum Element Erde

Samhain

letztes Fest im Jahreskreis; Fest der Ahnen und Ende eines Hexenjahres

SATOR-Formel

Satzpalindrom, das man als Magisches Quadrat in jede Richtung lesen kann; gehört zu den verbreitesten Zauberformeln des Abendlandes; wurde dazu genutzt, um sich vor Seuchen und Unheil zu schützen

SATOR

AREPO

TENET

OPERA

ROTAS

Saturn

mythologische Figur im antiken Griechenland; Gott des Ackerbaus, der Entsagung und des Todes; sein Tag ist der Samstag, seine Farbe meist braun

Schafgarbe (achillea millefolium)

unterstützt die Leber, regt den Gallenfluss an; wirkt desinfizierend, entzündungshemmend, blutstillend

Schamane

Praktizierender des Schamanismus

Schamanismus, *Shamanismus*

Begriff, der die Praktiken und Techniken der schamanischen Heiler umfasst; z.B. Verbrennen von Räucherwerk, Schlagen bestimmter Rhythmen auf besonderen Schamanentrommeln, Tanz, Trancetanz, Gesang, Fasten, Schwitzen, Meditation

Scharbockskraut (ficaria verna)

Hahnenfußgewächs; auch Feigwurz oder Frühlings-scharbockskraut genannt; Blütezeit im Frühjahr; seine Vitamin-C-haltigen Blätter wurden früher gegen die Mangelerscheinung Skorbut eingenommen

Schatten

Seelenanteile, die ins eigene Unbewusste verdrängt wurden und dadurch unerwartet in Form von Ängsten und Blockaden auftauche können; Schatten zeigen sich allerdings regelmäßig auch als XXX

Schattenarbeit

psychologische Arbeit zur Bewusstmachung und Integration von Schatten in der eigenen Seele; zwingend erforderlich für das Gelingen der weißen Magie

Schattenbuch

Notizbuch einer Hexe; alle eigenen Erfahrungen auf dem Hexenweg werden aufgezeichnet; das Schattenbuch ist vollkommen individuell und auch geheim; ein Schattenbuch wird kurz vor dem Tod einer Hexe an deren Nachfolgerin weitergegeben oder vergraben

Schierling, *Gefleckter Schierling* (Conium maculatum) giftiges Doldengewächs; Verurteilte wurden im Altertum mit einem Trank aus seinen Früchten oder Wurzeln hingerichtet

Schlafmohn (Papaver somniferum L.)

aus dem östlichen Mittelmeerraum stammendes Mohngewächs; der Samen kann als Nahrungsmittel sowie zur Ölgewinnung verwendet werden; aus dem morphinhaltigen Milchsaft wird Opium hergestellt

Schneequarz

Mineral; auch geeignet als Raumschmuck; soll die Achtsamkeit fördern, die eigenen Fähigkeiten und Potenziale erkennen lassen und bei Meditationen hilfreich sein

Schnur

textiles oder ledernes Element für Knotenzauber

Schöllkraut

Kraut, der Überlieferung nach geeignet zur Behandlung von Warzen

Schöpfung

die Ursache für den Anbeginn der Welt wird auf eine Schöpfung durch einen Schöpfer in Kulten und Religionen zurückgeführt; auch die erschaffene Welt, das Leben, die Erde, das Universum wird als Schöpfung bezeichnet

Schutzmagie

magische Handlungen, die dem Schutz von Leben, Haus und Familie dienen; oft auch in der Talismanie eine Motivation

Schutzkerze

Kerze auf dem Altar der Hexe, die grundsätzlich brennt, um gute Energien anzuziehen

Schutzkreis

mit Salz, Wasser, Dolch oder geistiger Kraft gezogener Kreis um die Teilnehmer und Utensilien eines Rituals; dient der Abschirmung gegen Störungen

Schwarze Magie

magische Handlungen, denen einen Angstmotivation zugrunde liegt; dient der Manipulation anderer Lebewesen gegen deren Willen

Schwertlilie

> Iris

Sechstes Haus

im Horoskop der Bereich der Arbeit und Alltagsbewältigung

Selenit

Mineral; seelisch sollen Stärke und Kraft unterstützt werden, körperlich eine Gewebestärkung erzielt werden können

Serpentin

Mineral, auch als Silberauge bekannt; soll kompromissbereit machen und bei sexuellen Verkrampfungen entspannend wirken

Siebtes Haus

in der Horoskopanalyse der Bereich der privaten und geschäftlichen Beziehungen

Sigille

graphische Symbole, die in der Hauptsache aus Buchstaben bestehen

Sigillenmagie

magische Handlungen durch Sigillen

Sitte

> Moral

Smaragd

Schmuckstein, soll Sinn- und Zielfindung unterstützen; soll

körperlich Herz- und Darmbeschwerden sowie Augen- und Kopfschmerzen lindern

Sodalith

oft mit Lapislazuli verwechselter Stein; seelisch soll das Bewusstsein gesteigert und Schuldgefühle aufgelöst werden; körperlich soll die Wasseraufnahme erhöht und Übergewicht abgebaut werden

Sonne, *Die Sonne*

1. Planet und Sinnbild für männliche Göttlichkeit
2. Karte XIX im großen > Arkanum, steht für Beachtung des inneren Kindes, männliche Energie

Sonnenhut, *Echinacea* (echinaceae moench)

ursprünglich im östlichen und zentralen Nordamerika beheimatete Korbblütler; alte Heilpflanze der Indianer Nordamerikas; soll gegen Husten, Halsschmerzen und Mandelentzündung helfen; wird noch heute bei Atemwegs- oder Harnwegs-Erkrankungen eingesetzt und äußerlich bei schlecht heilenden Wunden angewandt

Sonnenstein

Mineral; soll Optimismus fördern und Kraft geben

Sonnenwende, *Sommersonnenwende*

höchster Stand der Sonne über dem Horizont zur Mittagszeit; auf der Nordhalbkugel der Erde am 21. Juni; längster Tag und kürzeste Nacht des Jahres

Sonnenwende, *Wintersonnenwende*

geringste Mittagshöhe des Sonnenstandes über dem Horizont; auf der Nordhalbkugel der Erde am 21. oder 22. Dezember; kürzester Tag und längste Nacht des Jahres

Sonnenstein

Mineral; soll Optimismus fördern und Kraft geben

Sowilo

Sechzehnte Rune des "Älteren Futhark": Wille, Sieg, Erfolg

Spiegel, *schwarzer Spiegel*

Hilfsmittel für Spiegelmagie, Medium zum Empfangen von Visionen > Spiegelmagie

Spiegelmagie

Technik zur Wahrsagung mittels eines schwarzen Spiegels

✶ **Exkurs: Spiegelmagie**

Schwarze Spiegel, Spiegelmagie, das sind Begriffe, die die meisten schon einmal gehört haben. Doch die wenigsten wissen etwas damit anzufangen. Hier geht es mittels eines schwarzen Spiegels um die Erkenntnis seiner selbst.

Um Spiegelmagie zu betreiben, sollten Anfänger vorerst ihre eigene > Schattenarbeit abgeschlossen haben. Erst nach der erfolgreichen Schattenarbeit ist ein Mensch in der Lage, sich selbst ganz und gar anzunehmen.

Für Spiegelmagie ist es eine wichtige Voraussetzung, dass wir uns annehmen und lieben können, ohne Einschränkungen. Wir beginnen mit einem Schachbrett zu üben, um einen Blick zu trainieren. Wir betrachten das Schachbrett so lange, bis es uns leicht fällt, einmal die weißen und dann wieder die schwarzen Felder vorne zu sehen. Wenn wir das mühelos können, können wir mit einer Wasserfläche (ein See oder eine große Schüssel mit Wasser) fortfahren. Wir fokussieren uns darauf, was hinter unserem Gesicht steckt. Und erst im nächsten Schritt betrachten wir einen schwarzen Spiegel. Wir werden unser wahres Gesicht sehen. Das, was wir sehen, ist eine Botschaft aus unserer Seele, ähnlich zu werten wie ein Traum. Deuten wir unsere Vision und sind dabei nicht oberflächlich. Wenn wir uns als wildes

Tier sehen, verlangt unsere Seele vielleicht mehr „Echtheit" in unserem Leben. Sehen wir uns als Engel, ist unsere Seele wahrscheinlich vollkommen im Reinen mit sich.

Wir können in der Spiegelmagie auch Fragen stellen. Dann blicken wir mit unserer Frage in den Spiegel und bekommen ein Bild als Antwort.

Spiegelmagie gehört in den Bereich der Weissagung, ist aber sehr viel anspruchsvoller als das Tarot oder das Pendeln. Wir haben keine Hilfe mehr, sind ganz auf uns gestellt.

Zu beachten: Das Bild, das wir sehen, ist eine Momentaufnahme, kein Dauerzustand. Wir wiederholen das Befragen des Spiegels also regelmäßig, damit wir erkennen können, wie die Bilder sich verändern.

Spirale

eine Kurve, die um einen Punkt oder eine Achse herum verläuft und sich je nach Laufrichtung von diesem/r entfernt oder annähert; Symbol für die Suche nach dem inneren Wesenskern

Spiritualität

allgemeiner Begriff für die Suche nach dem Geist hinter dem belebten und unbelebten Aspekten im Diesseits und im Jenseits

Stein der Weisen

Entdeckung des Steins der Weisen wird als das 'Große Werk' bezeichnet; Elixier, das als Allheilmittel galt und gleichzeitig dazu dient, Blei zu Gold zu machen

Steine

>Heilsteine

Stern, *Der Stern*

Karte XVII im großen > Arkanum, steht für Helligkeit, Einklang zwischen Innen und außen, Lebensberufung

Sternanis (fructus anisi stellati)

als Räuchermittel löst er angestaute Ängste und Gefühle, tröstet die Seele und steigert die Hellsichtigkeit; die Pflanze wird dem Planeten Jupiter zugeordnet

Stonehenge

bekannter Kraftort in Schottland

Herbert Dazo / pixelio.de

Süden

Himmelsrichtung

Symbol

Sinnbild für eine emotionale Qualität oder einen

Lebensaspekt, der nicht real fassbar sein muss

T

Das T entspricht in der Runenschrift dem Teiwaz

In der Hexenschrift schreibt sich das T so: ⁊

Tag – und Nachtgleiche

siehe Äquinoktium

Talisman

kleiner Gegenstand, Bild oder Symbol, das Glück bringen
soll; wird meist direkt am Körper getragen; ist auch
denkbar an Kleidungsstücken oder Häusern

Talismanie

Kunst, Talismane zu erstellen, zu weihen und anzuwenden

Tanz, *Tanzen*

auf Musik ausgeführte Körperbewegungen; gehört zu den
darstellenden Künsten und wird auch als rituelle Technik
angewandt

Tarot, Tarot-Karten

Kartendeck zur Wahrsagung; besteht aus einem großen und einem kleinen Arkanum mit insgesamt 78 Karten

Die folgenden Karten sind im Lexikon berücksichtigt:

Narr, Der Narr

Magier, Der Magier

Hohepriesterin, Die Hohepriesterin

Herrscherin, Die Herrscherin

Herrscher, Der Herrscher

Hierophant, Der Hierophant

Liebende, Die Liebenden

Wagen, Der Wagen

Kraft

Eremit, Der Eremit

Rad des Schicksals

Gerechtigkeit

Gehängter, Der Gehängte

Tod

Mäßigkeit

Teufel, Der Teufel

Turm, Der Turm

Stern, Der Stern

Mond, Der Mond

Sonne, Die Sonne

Gericht

Welt, Die Welt

Tempel
geweihter Ort für rituelle Handlungen

Teufel, *Der Teufel*
1. Sagengestalt, deren Existenz man während der
Hexenverfolgung besonders den Hexen vorwarf
2. Karte XV im großen > Arkanum, steht für
Abhängigkeit, Zwanghaftigkeit

Thor, *Donar*
wichtiger Wettergott in der germanischen Mythologie

Tierkreiszeichen

Zeichen	Planetarische Kraft	Element
Widder	Mars	Feuer

Der Widder gilt als impulsives Zeichen. Widder sind
begeisterungsfähig und energievoll. Widder leben
leidenschaftlich und verabscheuen es, von anderen begrenzt

zu werden. Damit verbunden ist die Gefahr der Sturheit, Ungeduld und Aggression.

Stier   Vulkan   Erde

Stiere sind geduldig und sehr beständig. Sie schätzen körperliche Bedürfnisse sehr hoch ein. Das kann zu einer Isolation und auch zu einer starken Distanz von der Umgebung führen. Stiere sind verlässliche Menschen, die jedoch nicht gereizt werden sollten, weil sie zwar spät aber wenn dann heftig explodieren können.

Zwillinge   Merkur   Luft

Zwillinge gelten als sehr kommunikativ und intelligent. Sie sind neugierig, was allerdings sowohl positiv als auch negative gesehen werden kann. Zwillinge können andere durch ihre Intelligenz fesseln, tendieren jedoch zur Oberflächlichkeit und Unruhe.

Krebs   Mond   Wasser

Krebse sind sehr sensibel und intuitiv. Sie stehen in der Gefahr, depressiv oder launisch zu werden. Außerdem kann die Empfindsamkeit der Krebse zu einer Form von Überempfindlichkeit führen.

Löwe   Sonne   Feuer

Löwen sind sehr schöpferisch und kreativ. Sie sind
unabhängig und haben ein starkes Bewusstsein für Macht.
Löwen sind selbstbewusst und würdevoll, doch im
negativen werden diese Eigenschaften zu Überheblichkeit,
Eitelkeit und Hochmut.

Jungfrau   Chiron   Erde

Jungfrauen sagt man Vielseitigkeit und Weisheit nach. Sie
haben ein natürliches Bedürfnis, zu heilen. Dieses
Bedürfnis kann sich aber auch in belehrendes Verhalten
und Selbstschwäche verkehren.

Waage   Venus   Luft

Waagen sind sehr an Ästhetik interessiert. Sie haben ein
feines Gespür für Harmonie, sind oft lustbetont und gelten
als hilfsbereit. Die Gefahren sind Gier, Faulheit und
Besitzansprüche.

Skorpion   Pluto   Wasser

Für Skorpione sind Transformation und Erleuchtung sehr
wichtig. Sie lieben Freiheit und geben der Sexualität eine
große Bedeutung. Hieraus ergeben sich die Risiken der
Zerstörung, Sucht und des Missbrauchs.

Schütze   Jupiter   Feuer

Schützen sind optimistisch und tolerant. Sie lieben das Wachstum, sowohl bei sich als auch bei anderen. Sie tendieren dadurch zu einer gewissen Ausschweifung und zur Verschwendung. Außerdem stehen Schütze in der Gefahr der Heuchelei.

Steinbock   Saturn   Erde

Steinböcke sind sehr vorsichtig, leistungsbezogen und sehr diszipliniert. Dadurch kann es aber auch zu einer Starrheit und Beschränkung kommen. Steinböcke können zum Geiz tendieren.

Wassermann   Uranus   Luft

Wassermänner sind originell, intuitiv und erfinderisch. Damit verbunden ist das Risiko der Rücksichtslosigkeit und des chaotischen Verhaltens.

Fische   Neptun   Wasser

Fische sind hingebungsvoll und voller Mitgefühl. Sie sind inspirativ und interessieren sich für universelle Fragen. Sie stehen dadurch in der Gefahr der Verwirrung, der Träumerei und der Realitätsflucht.

Thymian (thymus vulgaris)

der Rauch wirkt keimtötend, wird für
Reinigungsräucherungen eingesetzt; stärkt den Willen und
fördert die Hellsichtigkeit

Thurisaz, *Thyr*

Dritte Rune des "Älteren Futhark": Macht, Erfolg, Willkür

Tigerauge

braungold schimmernder Stein; soll helfen, den Durchblick
zu behalten; Asthmaanfälle sollen gelindert werden

Tinktur

aus pflanzlichen bzw. seltener tierischen Grundstoffen
hergestellter Extrakt, meist in Alkohol gelöst

Tiwaz

Siebzehnte Rune des "Älteren Futhark": Gerechtigkeit und
Geisteskraft

Tod

1. Bezeichnung für das Ende der körperlichen
Lebensfunktionen

2. Karte XIII im großen > Arkanum; steht für
Transformation, Rose, Kindheit, Neubeginn

Tollkirsche, *Belladonna*

giftige Frucht, wurde zu Betäubungszwecken oder für Trancezustände eingesetzt

Tonkabohne (coumarouna odorata)

der vanilleartige Duft dieses Räuchermittels hat eine beruhigende Wirkung; stand in dem Ruf, er hilft bei Nervosität, Depression und Angst; soll auch eine erotisierende Wirkung haben

Topas

auch Schneckenstein genannt, wurde gern in der Kunst der Hellsichtigkeit verwendet

Trance

schlafähnlichen Bewusstseinszustand, der den Zugang zum Unbewussten ermöglicht

Trancetanz

Praktik, bei der durch Tanzen ein Trancezustand herbeigeführt wird; oft wird eine bestimmte Atemtechnik zusätzlich genutzt

Transformation

Veränderung und Wandlung von einem Zustand in den nächst höheren

Traum

Bilder, die in einem Zustand jenseits des Wachbewusstseins auftauchen; es gibt verschiedene Arten von Träumen, wobei die einen bei der Verarbeitung von Erlebtem helfen und die andere Gattung Vorhersehungen ermöglichen

Traumdeutung

Fähigkeit, die in Träumen auftauchenden Bilder und Symbole im Hinblick auf den Seelenzustand des Träumenden zu deuten und deren Botschaften zu erkennen

Tugend

Geisteshaltung, die sich an den Werten Wahrheit und Aufrichtigkeit orientiert

Turm, *Der Turm*

Karte XVI im großen > Arkanum, steht für drastische Veränderungen, Zusammenbruch des Egos, alte Mauern, stürmische Wandlung

Turmalin

in vielen Varianten erhältlicher Stein; der schwarze soll Ein- und Durchschlafstörungen mindern

U

Das U entspricht in der Runenschrift dem Ur/ Uruz

In der Hexenschrift entspricht das U dem V: ᛦ

Unbewusstes

aus der bewussten Wahrnehmung abgespaltenes Wissen;
das Unbewusste hat bis zu 70% Einfluss auf das
Empfinden, Denken und Handeln des Menschen; in der
weißen Magie soll das Unbewusste Schritt für Schritt zum
Bewusstsein werden

Unendlichkeit

Grenzenlosigkeit; in der Spiritualität das bewusste
Wahrnehmen des Augenblicks als „Alles"

Universum

die gesamte sichtbare Welt einschließlich der Erde

Universelle Gesetze

Gesetzmäßigkeiten, nach denen sich in der Spiritualität alle Lebensprozesse richten

✳ Exkurs: Universelle Gesetze

Das Gesetz der Analogie

Dieses Gesetz besagt, dass der Mikrokosmos eine Entsprechung im Makrokosmos hat. Also verkürzt: Wie im Kleinen, so im Großen. Wir wissen, dass es diese Entsprechung gibt. So, wie das einzelne menschliche Wesen sich entwickelt, entwickelt sich auch die Menschheit im Großen. So; wie es in den Familien aussieht, zeigt sich auch die Gesellschaft. Es gilt also, Liebe für das Kleine, das Detail zu entwickeln, damit das Große sich harmonisch erleben lässt.

Das Gesetz der Evolution

Dieses Gesetz geht davon aus, dass jedes Lebewesen wachsen will. Alles entwickelt sich der Sonne entgegen. Die Energiearbeit trägt besonders diesem Gesetz Rechnung, denn durch Energiearbeit soll Wachstum durch Veränderung bewirkt werden. Dem Analogiegesetz entsprechend findet auch Wachstum/ Evolution wie im Kleinen so im Großen statt. Die Evolution kennt weder Pausen noch Stillstand. Evolution ist ein stetiger Prozess, der von den Menschen auf keinen Fall aufgehalten werden darf. Der Mensch ist ein Produkt der Evolution und er ist ein Teil des Kosmos.

Die Evolution des menschlichen Bewusstseins (global und individuell) läuft nach dem folgenden Prinzip:

Handeln > Erfahrung > Schmerz > Erkenntnis > Bewusstsein > Liebesfähigkeit.

Per aspera ad astrum, ein alter lateinischer Grundsatz: Raue Pfade führen zu den Sternen.

Eine Pflanze muss die Erde gewaltsam durchbrechen, um zur Sonne zu kommen. Evolution ist mit Anstrengung verbunden, der Mensch ist ohne Leidensdruck nicht willens zu wachsen.

Das Gesetz der Energie

Das dritte Gesetz besagt, dass alles Energie ist, ganz gleich, wie es sich darstellt. Gegenstände, Gefühle, Gedanken, alles sind Energien, nur die Formen wechseln. Dadurch ergibt sich die Überzeugung, dass eben alles mit allem verbunden ist.

Es gibt übrigens keine negative Energie sondern nur das Unverständnis der Energien. Wir müssen Qualität und Quantität und auch den Inhalt der Energien begreifen, um sie nutzen zu können.

Wir können Holz in Wärme, Tinte in Texte, Angst in Liebe und Geld in Nahrungsmittel verwandeln. Energiearbeit bedeutet, mit allen Energien behutsam umzugehen und die unbrauchbaren oder ungenutzten Energien in brauchbare, konstruktive Energien zu verwandeln. Energiearbeit zu Heilungszwecken verwandelt Blockaden in nutzbare Energien, die dem Leben und damit dem gesunden Wachstum dienen sollen.

Das Gesetz der Polarität

Das Polaritätsgesetz weist darauf hin, dass Gegensätze für den Menschen wichtig sind, weil er ohne Abgrenzung nicht erkennen kann. Es gibt nur den Tag in der Abgrenzung zu Nacht, die Frau in der Abgrenzung zum Mann. Erst wenn wir beide Pole erkennen, können wir Einheit fühlen.

Wir lernen aus diesem Gesetz, dass beide Pole immer Aspekte derselben Erscheinung sind! Nur wer das Gesetz der Polarität beherrscht, kann gelassen und demütig agieren. Immer, wenn Ihnen etwas begegnet, dass Sie einnimmt, versuchen Sie, die andere Seite zu sehen, damit Sie einen klaren Blick behalten.

Das Gesetz der Rhythmik
Dieses Gesetz ergibt sich aus dem Gesetz der Polarität. Alles schwingt immer zwischen zwei Polen. Wer ausgeglichen ist, schwingt sanft zwischen den Polen hin und her, ohne an einem der beiden Extreme zu verweilen. Wir können Pole nicht verdrängen oder vermeiden. Ein solches Verhalten führt zu Schmerz und Verkrampfung. So führt beispielsweise das zwanghafte Festhalten an Eigenschaften wie Fleiß oder Stärke dazu, dass irgendwann unerwartet der andere Pol sich in den Vordergrund drängt, das Universum holt sich sein Recht auf Rhythmik. So kommt, es, dass Menschen davon überrascht werden, dass plötzlich und ohne erkennbaren Anlass bisher unbekannte Aktionen und Reaktionen auftreten, deren Folgen oft schwerwiegend schädigen. Es gibt im menschlichen Leben keine Einseitigkeit. Eine Medaille ohne Rückseite ist gar keine Medaille!

Das Gesetz des energetischen Ausgleichs

Das Gesetz des Ausgleichs besagt, dass Energie nicht verschwinden oder im Überfluss vorhanden sein kann. Wie in der Natur fließt Energie immer dorthin, wo eine Lücke vorhanden ist. Man kann Energie also weder speichern noch sammeln und auch nicht beseitigen. Dieses Gesetz ist ein Trost in Zeiten, in denen man sich ausgebrannt und leer fühlt. Solange das Leben existiert, wird auch Energie einfließen, auch wenn es manchmal gar nicht so aussieht.

Das Resonanzgesetz

Dieses Gesetz ist auch als Gesetz der Anziehung bekannt. Es beinhaltet, dass jeder nur das anziehen kann, was er auch selbst als Energie in sich trägt. Wer viel Liebe in sich trägt, wird Menschen, die Liebe in sich tragen anziehen (Resonanzgesetz) oder Menschen, die Liebe suchen (Gesetz des Ausgleichs). Aber nie wird er dauerhaft seine liebevollen Energien verlieren (Gesetz des Ausgleichs). In der modernen Zeit wissen wir um das Phänomen der selektiven Wahrnehmung. Wer einen Kinderwunsch hat, sieht plötzlich nur Schwangere, wer sich ein rotes Auto wünscht, hat plötzlich das Gefühl, es gäbe nur noch rote

Autos. So ähnlich dürfen wir uns das Gesetz der Resonanz vorstellen. Uns begegnet laut diesem Gesetz immer das, was wir gerade brauchen, um uns zu entwickeln, selbst wenn wir es vordergründig nicht verstehen.

Das Gesetz des Impulses
Dieses Gesetz versteht sich von selbst und gibt an, dass jeder Mensch Impulse hat, und jeder Mensch will unangenehme oder unpassende Impulse unterdrücken. Doch was geschieht dadurch?
Die Impulsenergie ballt sich, es fließt keine neue Energie nach. Wer seine Impulse unterdrückt, schneidet sich ab von der Einheit mit allem Leben, denn die Gesamtheit benötigt die Impulse des Einzelnen. Das Ausleben der Impulse ist notwendig, um sich selbst ganzheitlich kennen zu lernen und um Erfahrungen zu machen. Aufgestaute Energie kann zu Krankheiten führen, daher sollten Impulse ausgelebt werden, wichtig ist nur, dass dies gesteuert geschieht, damit niemand zu Schaden kommt.

Unterbewusstsein
siehe Unbewusstes

Uruz

Zweite Rune des "Älteren Futhark": Kraft, Stärke und Erdung

V

In der Runenschrift gibt es keine Entsprechung für das V.

In der Hexenschrift schreibt sich das V so: ↑

Venus

mythologische Figur, Göttin der Liebe und der Ästhetik;
Planet

Venusspiegel

Symbol für Weiblichkeit

Versteinertes Holz

sehr dekorative Steinvariante; soll die Bodenständigkeit
festigen und hilfreich für Meditationen sein

Vier-Elemente-Lehre

alles Sein besteht aus den vier Grundelementen Feuer,
Wasser, Erde und Luft; die Vier-Elemente-Lehre ist
selbstverständlich wissenschaftlich überholt, findet aber in
der weißen Magie noch Beachtung als Sinnbild dafür, dass
ALLE Energien angesprochen werden

Viertes Haus

in der Horoskopanalyse der Bereich, der über die Familie und die Kindheitprägung Auskunft gibt

Vision

Bild *(von lat. videre – sehen)*

1. Bild, das im Trance innerhalb einer Seher- oder Wahrsagehandlung sichtbar wird

2. Bild von der eigenen Zukunft, um das Bewusstsein auf dieses Bild einzustimmen und das eigene Handeln in die betreffende Richtung zu lenken

Visualisierung

Darstellung eines inneren Prozesses oder Gefühls zur besseren Bewusstwerdung; mit Hilfe von alltäglichen Bildern werden psychische Vorgänge greifbar, darstellbar und verstehbar gemacht

Vollmond

Zeitpunkt, an dem der Mond in voller Größe am Himmel sichtbar ist; bei Vollmond wird dem Ritual eine besondere Kraft zugeschrieben

Voodoo, *Vodun, Voudou* oder *Wodu*

überwiegend kreolische Religion; beheimatet in Haiti und anderen Teilen Amerikas und in Afrika; in westlichen Ländern vor allem durch Opferdarbringungen und Praktizierung von weißer und schwarzer Magie bekannt

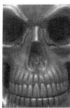

Angela Parszyk / pixelio.de

273

W

Das W entspricht in der Runenschrift dem Wunjo

In der Hexenschrift schreibt sich das W als doppeltes V:

Wacholder, *Wacholderbeeren* (juniperus communis)
dieses Räuchermittel gehört zu den ältesten magischen
Stoffen der nördlichen Erdkugel; wird zum Desinfizieren
von Räumen genutzt und soll böse Geister vertreiben; wirkt
belebend und anregend

Wächterruf

Teil des Rituals zur Anrufung der Elementarwesen; diese
Anruf geschieht zum Schutz des Ritualkreises > Ritual

Wagen, *Der Wagen*

Karte VII im großen > Arkanum, steht für Reise,
Aufbruch, Sieg, Gegensätze

Wahrsagen

oder Wahrsagung, abwertend Wahrsagerei bezeichnet zahlreiche Praktiken und Methoden, die dazu dienen sollen, zukünftige Ereignisse vorherzusagen; zum Wahrsagen gehören hauptsächlich Kristallomantie, Karten legen, Kaffeesatz lesen, Rauchorakel, Feuerorakel, Wasserorakel, Erdorakel, Runen werfen, Pendeln, Handlesekunst

Walpurgis, *Walburga, Waltpurde*

um 710 im südenglischen Wessex geboren, etwa 780 in Heidenheim/ Mittelfranken verstorben; war Vorsteherin des Benediktinerklosters von Heidenheim und in Süddeutschland als Missionarin tätig; gilt als die Tochter des angelsächsischen Königs Richard von Wessex und wird in der Literatur oft als eine Nichte des heiligen Bonifatius beschrieben

Walpurgisnacht

Gedenktag der Heiligen Walburga; wurde im Mittelalter am 1. Mai gefeiert; die neun Tage davor gelten als Walpurgistage

Wasser

eins der vier Elemente; symbolisiert zum einen die

dauerhafte Bewegung im Lebensprozess und auch die
emotionale Ebene eines Menschen

Weiblich
weibliche Qualitäten sind Erkenntnis und Pflege

Wegwarte, *Gemeine Wegwarte* (Cichorium L.)
in Mitteleuropa heimischer Korbblütler; verwendet wird
das ganze Kraut; wirkt der Überlieferung nach
appetitanregend, entschlackend, verdauungsanregend und
stoffwechselregulierend

Weihe
Einweihung in einer rituellen Zeremonie

Weihrauch
Räuchermittel zum Schutz und zur Reinigung

Weissagung
>Wahrsagung

Weiße Magie
Magie unter der Motivation der Liebe und des
Lebenserhalts

Welt, *Die Welt*

Karte XXI im großen > Arkanum, steht für Einklang, Universum, Lorbeer

Weltenbaum

gehört zur Mythologie vieler Völker und ist ein altes Symbol der kosmischen Ordnung; steht als Weltachse (axis mundi) im Zentrum der Welt; seine Wurzeln reichen tief in die Erde und seine Wipfel berühren oder tragen den Himmel; verbindet somit die drei Ebenen Himmel, Erde und Unterwelt

Weltenesche

 > Yggdrasil

Weltenseele

Symbol für die Verbundenheit mit der gesamten belebten und unbelebten Natur; das, was allen gemeinsam ist

Wermut (artemisia absinthium)

Räucherungen mit diesem Mittel sollen bei Schutzritualen böse Geister vertreiben; soll den Geist klären und die Wahrnehmung steigern; dient auch zur Förderung der Hellsichtigkeit

Westen

Himmelsrichtung, dem > Element Erde zugeordnet

Wicca, *Wiccabewegung*

religiöse Bewegung in der ideologischen Nähe des Neopaganismus; hat ihren Ursprung in der ersten Hälfte des 20. Jahrhunderts; sieht sich als „Religion der Hexen" und die meisten Anhänger bezeichnen sich selbst als Hexen; letztlich moderne Gründung und Organisation auf der Basis von Hierarchie und Struktur wie andere Kirchen

Widder

siehe Tierkreiszeichen

Wiesengräser

> Heublumen

Wilde Jagd, *das Wilde Heer bzw. das Wütende Heer*

bezeichnet einen Volksmythos über Erscheinungen am Nachthimmel, die als Jagdgesellschaft übernatürlicher Wesen interpretiert wurden; wurden vor allem während der Zwölf Weihnachtstage oder der Rauhnächte beobachtet; damit verbundene Vorstellungen und Bräuche reichen ins germanische Heidentum zurück

Wunder

etwas „Erstaunliches" und „Außergewöhnliches"; etwas,
was auf den ersten Blick nicht erwartet werden konnte

Wunjo

Achte Rune des "Älteren Futhark": Frohsinn und
Geborgenheit

X

Das X entspricht in der Runenschrift dem Eihwaz

In der Hexenschrift schreibt sich das X so ᚢᛘ

Y

In der Runenschrift gibt es keine Entsprechung zum Y

In der Hexenschrift schreibt sich das Y so:

Yggdrasil, *altnordisch Yggdrasill*

Name einer Esche in der nordischen Mythologie, die als

> Weltenbaum den gesamten Kosmos verkörpert

Ysop, *Ysopkraut* (hyssopus officinalis)

dieses Räuchermittel klärt und ordnet Geist und Seele; wird

bei Schutz- und Reinigungsritualen verwendet

Yule

> Jul; siehe Hexenfeste

Z

Das Z entspricht in der Runenschrift dem Algiz

In der Hexenschrift schreibt sich das Z so: ᵐℎ

Zauber

Wirkung einer magischen Handlung

Zauberer

> Magier

Zauberspruch

meist gereimter Spruch, der zum Zweck eines magischen Ergebnisses in einem Ritual genutzt wird

Zauberstab

früher selbstgeschnitzter, heute oft gekaufter Stab, der dem Magier und der Hexe dazu dient, die Elemente zu steuern und zu rufen; dem Element Luft zugeordnet transportiert er den Willen des Zaubernden zum Universum

Zaubertrank

magisch erstellte Flüssigkeit, der übernatürliche Kräfte zugesprochen werden

Zeder, *Zedernholz* (cedrus atlantica)

dieser Räucherstoff wirkt aufbauend, klärend und harmonisierend; Mut, Wohlstand und Ansehen werden gefördert; gilt als wirksamer Mottenschutz

Zehntes Haus

der Horoskopanalyse für den gesellschaftlichen Status und den beruflichen Erfolg

Zeremonie

feierliche Handlung, die einem bestimmten Ablaufprotokoll folgt; in der weißen Magie sind beispielsweise Weihen zeremoniell gestaltet

Zeus

oberster Gott im griechischen > Pantheon

Zichorie

> Wegwarte

Zimt (cinnamomum cassiae)

bei Räucherungen mit diesem Stoff entsteht eine spirituelle Atmosphäre; Hellsichtigkeit wird gefördert; Erfolg und Glück werden begünstigt; Ängste werden vertreiben und negative Schwingungen ferngehalten; hat auch eine erotisierende Wirkung

Zweites Haus

in der Horoskopanalyse die materielle Basis für das eigene Leben

Zwillinge

siehe Tierkreiszeichen

Zwölftes Haus

in der Horoskopanalyse der Ort, der die Fähigkeit zur Selbstbesinnung angibt

Platz für deine eigenen Notizen

A

B

C

D

E

F

G

H

I

J

K

L

M

N

O

P

Q

R

S

T

U

V

W

X, Y, Z

.

Stefanie Glaschke,
überall im Handel!

Stefanie Glaschke: Mein magischer Alltag

Sie wünschen sich auch manchmal, bei Hausarbeit oder Kindererziehung hexen zu können? Sich mittels besonderer Kräfte das Leben etwas angenehmer und leichter zu gestalten? Dann ist das Hexen-Handtaschenbuch für den Zauber des Alltags genau das Richtige. Mit einem Augenzwinkern und doch gewohnt bodenständig plaudert Stefanie Glaschke aus ihrem magischen Nähkästchen. Denn auch für ganz praktische Fragen hält die weiße Magie Antworten und Mittel bereit. Tipps und Tricks rund um Liebe, Familie, Geld und Gesundheit lassen Mühen und Sorgen wie von Zauberhand verschwinden und verwandeln auch die langweiligste Routine in einen magischen Moment. Ein kurzweiliges Lesevergnügen für alle, die schwarze Katzen mögen und Besen nicht nur zum Fegen benutzen wollen.

Hexenpost

Das Magazin für moderne Hexen, jeden Monat neu auf www.hexenvonheute.de

Print oder pdf, ganz nach Wahl

Die Genesis-Meditation

Über hexenvonheute oder

das **E-Book im Kindle-Shop bei Amazon**

Die eigene Schöpferkraft finden und inneres Blei zu Gold machen -

das war das Vorhaben der Alchemie. Mit Sigillen und Elementelehre, Affirmationen und

Visionen kann der moderne Mensch heute noch seine eigene Realität erschaffen. Die

Genesis-Meditation ist eine ausführliche Schritt-für Schritt-Anleitung für alle, die keine

Angst davor haben, ihre eigene Schöpferkraft zu entwickeln und das Leben so zu

erschaffen, dass es gut für sie ist und gleichzeitig mit der Umwelt harmoniert.

Die Printversion erhalten Sie bei www.hexenvonheute.de

Anhang

Bildquellennachweise

<u>Bäume</u>

Ahorn	Betty / pixelio.de
Apfelbaum	Rainer Sturm / pixelio.de
Birke	Wilhelmine Wulff / pixelio.de
Buche	Ilka Funke-Wellstein / pixelio.de
Eiche	johnnyb / pixelio.de
Eberesche	knipseline / pixelio.de
Fichte	Rosel Eckstein / pixelio.de
Kastanie	Günther Schad / pixelio.de
Kiefer	Rolf Handke / pixelio.de
Linde	W. Butzler / pixelio.de
Pappel	Rainer Sturm / pixelio.de
Tanne	Bettina Stolze / pixelio.de

<u>Kräuter</u>

Zeder   Sven Richter / pixelio.de

Alant, Katharina Wieland Müller / pixelio.de

Arnika, Dr. Klaus-Uwe Gerhardt / pixelio.de

Bärlauch, Jörg Siebauer / pixelio.de

Beinwell, Maria Lanznaster / pixelio.de

Bohnenkraut, Schasky / pixelio.de

Brennnessel, Betty / pixelio.de

Eibisch, Katharina Wieland Müller / pixelio.de

Eisenkraut, Katharina Wieland Müller / pixelio.de

Fenchel, Joujou / pixelio.de

Frauenmantel, Lilo Kapp / pixelio.de

Hagebutte, Ruth Rudolph / pixelio.de

Hirtentäschel, M. Großmann / pixelio.de

Holunder, Ilka Funke-Wellstein / pixelio.de

Hopfen, Himi / pixelio.de

Hyazinthe, Karl-Heinz Liebisch / pixelio.de

Ingwer, Cornerstone / pixelio.de

Iris. Jetti Kuhlemann / pixelio.de

Jasmin, Luise / pixelio.de

Johanniskraut, Joujou / pixelio.de

Kamille, Jutta Kühl / pixelio.de

Lavendel, M. Großmann / pixelio.de

Lorbeer, Thomas Scholz / pixelio.de

Löwenzahn, Aka / pixelio.de

Majoran, uschi dreiucker / pixelio.de

Malve, Karl-Heinz Liebisch / pixelio.de

Melisse, Zitronenmelisse, Kirstin Jungmann / pixelio.de

Mistelzweige, Annamartha / pixelio.de

Myrthe, gnubier / pixelio.de

Orange, Petra Bork / pixelio.de

Passionsblume, Elke Salzer / pixelio.de

Petersilie, Udo Sodeikat / pixelio.de

Pfefferminze, Sigrid Rossmann / pixelio.de

Ringelblume, Olga Meier-Sander / pixelio.de

Rose, Januareela / pixelio.de

Rosmarin, Maja Dumat / pixelio.de

Salbei, Sigrid Rossmann / pixelio.de

Schafgarbe, Susanne Schmich / pixelio.de

Scharbockskraut, Maja Dumat / pixelio.de

Schlafmohn, Pictuma / pixelio.de

Schöllkraut, Helmut Bender / pixelio.de

Sonnenhut, Sabine Koriath / pixelio.de

Sternanis, Maria Lanznaster / pixelio.de

Taubnessel, Claudia Hautumm / pixelio.de

Thymian, Helene13 / pixelio.de

Wacholder, SueSchi / pixelio.de

Wegwarte, Andrea Schupp / pixelio.de

Ysop, Annamartha / pixelio.de

Zimt, Rainer Sturm / pixelio.de

Druck:
Customized Business Services GmbH
im Auftrag der
KNV Zeitfracht GmbH
Ein Unternehmen der Zeitfracht - Gruppe
Ferdinand-Jühlke-Str. 7
99095 Erfurt